企业投融资
与
法律风控

曹宇瞳　董品才　祝忠火◎著

中国铁道出版社有限公司

CHINA RAILWAY PUBLISHING HOUSE CO., LTD.

图书在版编目（CIP）数据

企业投融资与法律风控/曹宇瞳，董品才，祝忠火著 . —北京：中国铁道出版社有限公司，2023.11

ISBN 978-7-113-30478-2

Ⅰ.①企… Ⅱ.①曹… ②董… ③祝… Ⅲ.①企业-投资-中国②企业融资-中国③企业-投资-法律-中国④企业融资-法律-中国

Ⅳ.①F279.23②D922.291.91

中国国家版本馆 CIP 数据核字（2023）第 154920 号

书　　名：**企业投融资与法律风控**
　　　　　QIYE TOU-RONGZI YU FALÜ FENGKONG

作　　者：曹宇瞳　董品才　祝忠火

责任编辑：马慧君　　　　　　编辑部电话：（010）51873005

封面设计：宿　萌

责任校对：刘　畅

责任印制：宋学怡

出版发行：中国铁道出版社有限公司（100054，北京市西城区右安门西街 8 号）

网　　址：http://www.tdpress.com

印　　刷：三河市国英印务有限公司

版　　次：2023 年 11 月第 1 版　　2023 年 11 月第 1 次印刷

开　　本：710 mm×1 000 mm 1/16　印张：11.5　字数：155 千

书　　号：ISBN 978-7-113-30478-2

定　　价：68.00 元

前　言

　　当今时代正处于经济加速发展的黄金时期，市场中涌现越来越多的创业者与投资者。然而，市场总是处于不断变化与激烈竞争之中，波动性与不确定性极强，在此背景下，创业者与投资者都需要深入了解更多相关知识，将理论与实践经验相结合，不断提升自身投融资能力。

　　在企业发展、规模扩大的过程中，融资是不可避免的关键环节。资金是企业生存与发展的命脉所在，如果融资无法顺利开展，那么企业很难做大。外部资源能提升企业的发展能力，改进企业的内部组织架构，提高企业的盈利水平，有利于企业调整未来的发展方向。因此，企业可以利用外部资源实现成长，但前提是，企业需要做好投融资相关的准备工作，避免在融资或投资的过程中遭遇风险或危机。

　　有经验的创业者能认识到投融资的重要性，但对于刚刚开始创业的新手创业者或正处于起步阶段的创业者来说，缺乏融资经验、市场占有率不高等，是其获取资金困难重重的重要原因。

若不能解决这些问题，创业者很有可能面临创投关系不稳定、与投资者关系破裂、丧失企业控制权等一系列风险。因此，为了更好地开展融资，创业者必须深耕相关领域，掌握更多相关经验，而本书就是一本能够帮助创业者解决这些问题的指南，为创业者提供创业融资方面的解决方案。

对于想获取更多利润的企业、个体投资者来说，投资也是获取长期收益的重要渠道之一。本书还从投资者的角度出发，为投资者详解不同的投资模式，并为投资者提供规避风险、计算损失的方案。

总体来说，本书内容翔实，紧跟时代前沿，全方位、多角度揭秘了投融资相关问题与法律风控要点，对于企业的资本运作实战具有很高指导价值。

作者

2023 年 4 月

目　录

上篇　投融资模式详解

上篇

投融资模式详解

第一章

项目投资

项目投资指的是以某一特定项目为投资对象，直接与改造项目或新项目产生联系的一种长期投资行为。本章将从项目投资的本质、项目评估标准与项目风险预测三方面展开，详述项目投资这一具有代表性的投资模式。

第一节　项目投资的本质

与其他投资形式相比，项目投资具有较为突出的特点，包括投资风险较大、影响时间较长、发生频率较低、投资数额较多、投资内容较为独特等。通过开展项目投资，投资者的创新能力、收益能力、技术经济能力、市场竞争能力能够得到提升，资本积累的规模能够进一步扩大。

一、项目投资决策很重要

项目投资决策，指的是在对项目相关信息进行评估与可行性研究的基础上，借助科学的方法与理论，对想要投资项目的部分根本性问题开展的分析与判断工作。在此过程中，投资者需要通过特定程序，对若干个备选的投资方案进行论证与研究，并在不断对比中，综合考虑各个投资方案的优劣，最终选择最满意的方案。

随着市场经济不断发展、成熟与完善，市场中各企业之间的竞争也日益激烈，投资渠道与投资主体向着多元化、复杂化方向发展。对于投资者来说，如何配置并优化资源，在自身有限的资源的基础上，实现利用效率的最大化，提升投资决策的效益与水平，是开展项目投资的关键。因此，能否作出正确的投资决策，是影响投资者项目投资成败的关键。

通常情况下，投资者用来投资的资金较多，一旦投资失败，就需要承担较大的损失。如果连续多笔投资交易失败，将会给投资者带来巨大打击。

某投资企业曾在投资决策方面出现严重失误，两年半的时间里，该企业共发生了 29 起投资交易，涉及娱乐贸易、保健品、养殖业、热带农业、房地产开发等多个领域，投资金额共达两亿多元。然而，该企业的投资决策大多是错误的，选择的投资项目不够优质，因此所投资金大多被套牢。连续性的投资失误使该企业面临诸多复杂的衍生问题与经济纠纷，严重影响着企业的后续发展。

从该企业的失败中我们不难看出，投资决策失误不仅关乎某项投资的失利，还影响着整个企业的经营发展。

因此，在开展项目投资之前，投资者必须做好充分的准备，高度重视投资决策的重要作用。投资决策正确与否在很大程度上决定着投资活动的成败，投资者要充分认识到在投资项目前进行可行性验证的科学性与重要性，避免投资过程中的短视行为，在正确的投资决策的基础上，积极开展投资管理，以获得良好的发展。

二、分析项目投资的外部环境

项目投资的外部环境，指的是外部的各种能够对项目投资活动产生影响的因素的综合。这些因素相互制约、相互作用、相互交织，涵盖社会、技术、经济等诸多方面，形成一个有机的整体。

对于投资者来说，项目投资的外部环境不可随意更改、调控，投资者只能利用环境、适应环境。因此，在进行投资决策前，投资者需要对投资项目的外部环境加以慎重、细致、多方面的综合分析，确定投资规模与方向，选择最佳的投资机会。

项目投资的外部环境是一个动态、开放、平衡的整体，总是处于不断变化与发展之中，各种因素对项目投资产生影响的程度也不断发生变化。投资者需要在着眼总体、立足全局的基础上，对各种因素进行全面分析，并按照产生影响的程度分清阶段内的主次因素，为作出正确的投资决策提供可靠依据。

项目投资的外部环境还具有显著的地区差异性。由于不同地区在社会经济、自然地理等方面存在差异，且社会生产力发展具备层次性、各类资源的空间布局存在非均衡性，因此不同地区的项目投资外部环境的差异性极为显著。投资者需要对项目投资外部环境的地区差异性进行充分了解与分析，这样才能够在最大程度上发挥出不同地区的优势与特点，取得最大的项目投资效益。

三、项目投资的基本流程

下面以企业进行项目投资为例，详解项目投资的基本流程，如图 1-1 所示。

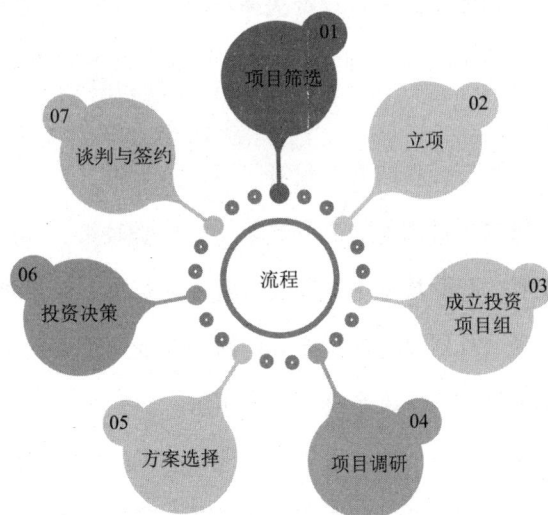

图 1-1　项目投资的基本流程

1. 项目筛选

通常情况下，在企业有开展项目投资的意向后，相关职能部门，如战略发展部、投资业务部等，需要根据经由管理层批准的工作计划与投资战略规划主动搜索、收集相关的项目信息，并进一步整理、筛选、核实、甄别。

2. 立项

在完成筛选工作后，相关职能部门需要确定好拟投资项目，之后进行初步调研。根据调研结果，职能部门需要制定完善的投资项目建议书，并将其提交给实权部门进行申请立项。实权部门对建议书进行审核，决定是否立项。

3. 成立投资项目组

在确认立项后，企业内部需要尽快成立投资项目组，组织开展编写投资方案与投资分析报告、准备相关法律文件、办理投资项目的报批，开展各项尽职调查、组织项目谈判等各项前期工作。

4. 项目调研

项目调研是企业作出项目投资决策的关键，对于不同的项目，企业调研的侧重点也不同。总的来说，企业需要从以下四个方面展开项目调研：

（1）相关法律与行政法规、政策、行业规划等。在开展项目前期工作时，企业必须对项目相关的诸多政策，如信贷政策、环保政策、用地政策、技术政策、产业政策等，以及行业准入标准、总量控制目标、国家制定的发展建设规划等，进行充分调研。企业还需要对项目是否存在法律风险、如何避免法律风险进行深入了解。

在选择投资项目时，企业可以优先考虑国家鼓励发展、重点扶持，有一定税收政策优惠的项目或产业，如公共基础设施、农林牧渔业、节能环保、集成电路、软件与各种高新技术产业等。

（2）企业需要对拟投资项目是否产生污染、产生何种污染、如何解决污染等问题进行充分调研。此外，企业还需要明确项目所需的土地面积、项目选址与当地开发规划是否契合、相关机构对土地的使用权有何要求等问题。

（3）企业需要对投资项目的发展趋势、所处行业发展状况、国内外经营环境、行业内部主要竞争对手及其占有的市场份额、企业自身的优劣势等情况进行充分调研，在进入市场后迅速确立优势地位，实现存续发展。

（4）企业需要对开展项目投资的成本、资金来源、资金需求、现金流量、投资收益预测、对企业整体经营发展状况的影响等进行充分调研，在不影响企业正常运行的情况下进行投资，避免企业陷入资金链断裂等经营危机。

在开展项目调研的前提下，企业的投资项目组需要编写项目的可行性研究报告，对调研的各个方面进行详细且全面的评价。

5. 方案选择

在完成对拟投资项目的可行性分析后，投资项目组需要提出多个投资方案，以供决策者选择。方案包括投资方式的选择、出资方式的选择、联合投资或独立投资的选择、拟投资项目企业形式的选择等。

根据拟投资项目的具体情况，企业的投资项目组需要制定可操作性强的具体方案，并对不同方案的利弊进行综合分析。

6. 投资决策

企业有关部门在通过拟投资项目的可行性研究报告并对投资方案选择提出意见后，需要将投资方案报企业审批机构审批，由审批机构进行投资决策。根据项目大小与企业章程不同，审批机构可能是企业的股东会或董事会。

7. 谈判与签约

完成投资决策后，企业负责人可以授权投资项目组就项目投资相关内容、投资协议与拟投资企业进行谈判，并起草相关法律文件，完成最终的签约环节。如果项目投资涉及并购，企业还需要进行全面、详尽的尽职调查。

以上就是企业开展项目投资的基本流程，在推进流程的过程中，企业相关部门及其负责人需要注意在关键环节的关键节点作出正确的判断，坚持理性思维，做好科学规划。

第二节　项目评估标准

在项目投资前期，投资者需要对项目进行评估，判断其是否具有投资价值。项目评估的标准包括以下几个方面：项目是否处于蓝海阶段、项目规划的合理性、项目是否具有明显优势、项目上线方案是否科学合理。

一、投资处于蓝海阶段的项目

通常情况下，潜力巨大、处于蓝海阶段的项目更有投资价值。一些投资者对"蓝海"这个名词不是非常熟悉，在《蓝海战略》一书中，作者对"蓝海"作出如下解释：

"现存的市场由两种海洋所组成：红海和蓝海。红海代表现今存在的所有产业，也就是已知的市场空间；蓝海则代表当今还不存在的产业，也就是未知的市场空间。"

简单来说，处于蓝海阶段的项目是尚未被开发、有巨大潜力的项目。

处于红海阶段的项目，产业规则和界限已经明确。很多企业为了降低经营风险，纷纷投身红海市场，导致红海市场空间越来越狭窄，同行之间的竞争越来越激烈，收益也比之前少了很多，而蓝海市场则不存在这种情况。

处于蓝海阶段的项目，产业规则和界限还没有确定，同行之间的竞争压力比较小。如果某个项目在蓝海市场中抢占了先机，为用户创造了新需求，那么面对的市场将是十分广阔的，可以获得的利润也是非常可观的。这就是为什么投资者更愿意投资一个处于蓝海阶段的项目，这种项目确实会为他们带来更多收益。

二、审核项目规划合理性

项目规划是指企业通过调查与研究，在充分了解市场与用户需求、竞争对手情况、外在机遇与风险以及技术发展趋势的基础上，根据自身情况与发展方向，为项目制定可以把握市场机会、满足用户需求的远景目标，以及实施该远景目标的相关战略的过程。

"现代营销学之父"菲利普·科特勒提出"三层次结构理论"，即产品核心层、产品有形层、产品延伸层。这三个层次是相互联系的整体，表现出消费需求的多层次性，阐述了消费需求动机，对商界和投融资界有着极大影响。

投资者可以从产品核心层、产品有形层、产品延伸层三个方面入手，对拟投资项目规划的合理性进行分析与审核。

产品核心层，即满足用户需求、为用户解决问题的层面，也是项目能否得到用户认可的关键所在。在分析项目规划的合理性时，投资者需要从产品核心层出发，时刻关注用户需求是否得到满足，将满足用户需求放在首位。

产品有形层，即把项目转化为有形实体或者服务，主要包括五个要素：质量、特征、样式、品牌、包装。

任何项目规划都应当具备这五个要素，例如，整体手感、屏幕大小、按钮设计、logo 设计、形状规格、图标设计等就属于手机的有形层规划。每个项目的有形层规划都不同，哪个项目的设计更能受到用户的认可和喜爱，投资者就可以给予其更多关注。

产品延伸层，即项目之外的附加品。例如，用户购买空调，得到的不只是空调的室内机、室外机、遥控器等，还有使用说明书、送货上门、免费安装调试、随时上门维修以及售后服务等附加品。

产品核心层、产品有形层、产品延伸层是不可分割、紧密相连的，它们构成了项目的整体。一个项目的价值大小，是由用户决定的，而不是由企业决定的。在分析项目规划的合理性时，投资者要重点考虑这三个层次的规划，避免出现投资风险。

三、判断项目有无明显优势

许多来自硅谷的投资者在开展投资时，会着重关注那些具有 Unfair Advantage（不公平优势）的项目。这里的不公平优势，大多指成本、可规模化与自动化等方面。

如果一个项目具备成本优势，那么其价格只要维持产业平均水平甚至稍低于平均水平，就能获得高于产业平均水平的利润。而且，企业不必担心自己在与竞争对手打价格战时，人力、物力消耗过多。

某公司会对其旗下的产品平板电脑进行严格的成本控制，力求将成本降到最低。在原材料选取上，该公司把关，与指定的供应商合作，不给代工生产企业从中抽取过多利润的机会，节省了许多成本，充分发挥出成本优势。

除了成本优势以外，可规模化对于企业来说也非常重要。生产与销售环节的可规模化，是企业打造规模化优势的基础。以微软早年主打的视窗（Windows）系统光盘为例，用户只有购买光盘，才能使用适配于 Windows 系统的软件。光盘的成本极低，平均价格不到 1 美元。而且，随着销量的增加与技术的发展，光盘实现了规模化生产，但成本几乎没有增加。因此，其销售额几乎是纯利润。

除此以外，发展策略也能够实现规模化。以微信为例，每当它要推出新创意或新产品时，都会先在和目标市场用户结构很相似的小市场中进行小规模但有针对性的产品投放。例如，微信计划推出一款新产品，那么它可能会先在小市场中投放。这样一来，微信可以测试产品的可行性，获取用户的反馈。只要这款产品可以在小市场中获得很好的市场反馈，那么微信就可以在全域市场中大规模地进行产品投放。

随着技术不断进步，自动化也成为项目的一个重要优势。能够进行高度自动化生产的企业，在一定程度上代表着高效率，这是吸引投资者的重要因素。同一款产品，一个依靠人工开展生产的企业，单位生产量是 100 件，而自动化生产的企业，单位生产量是 300 件。如果每件产品的获利都是 20 元，那么自动化生产的企业就可以为投资者带来更多效益。

自动化还能体现企业是否进行了技术革新，如果企业一直故步自封，就很难有长远的发展，许多投资者并不看好此类企业。

总体来说，投资者在进行投资决策时，更加偏向那些成本优势明显，实现规模化、自动化生产的企业。企业需要在这些方面积累优势，以获得更多投资者的青睐。

四、项目上线方案分析与解读

在项目确定之后，企业需要选择合适的机会将其上线。在此之前，企业需要做好前期工作，制定完善的项目上线方案，而投资者则需要对方案进行分析与解读。通常情况下，项目上线方案包括三个指标：时间、规模、迭代节奏。

（1）时间。企业需要对项目上线的时间进行精准预测，并将其准确传达给投资者。项目上线的时间，对投资者的收益情况有一定影响。如果在资金到账后很长一段时间，项目才上线，那么会对投资者的收益产生不利影响。因此，为了降低投资风险，打消投资者顾虑，企业要将项目的上线时间及时告知投资者。

（2）规模。项目上线的规模，也是投资者必须了解的要点之一。关于项目上线规模，投资者需要了解的问题主要有项目上线规模的大小、企业有无确定上线规模的依据。此外，投资者还应该进行多方面的调查，根据调查结果了解项目上线规模是否合理。

（3）迭代节奏。通常情况下，并不存在一成不变的项目，企业要根据市场形势的变化，不断调整项目，以使项目持续盈利。如果在很长时间内，项目的市场份额都没有增加，那就意味着在这段时间内，项目的盈利空间较小、发展缓慢，投资者的收益自然不会增加。

在分析与解读项目上线方案时，投资者需要厘清四个关键问题，如图 1-2 所示。

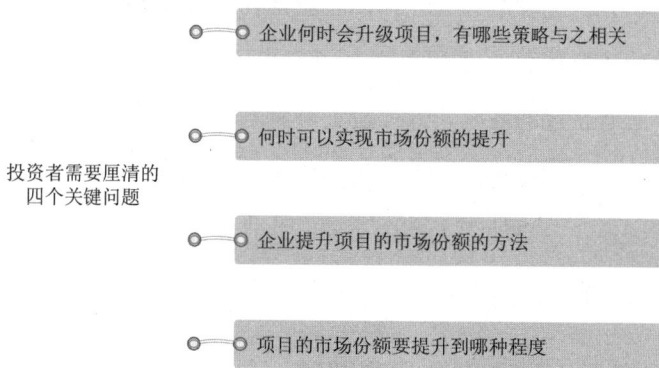

图 1-2　投资者需要厘清的四个关键问题

企业的项目上线方案要符合市场情况，时间、规模、迭代节奏等指标也要科学、合理。投资者要警惕企业为了获得投资而美化这些指标，避免自己遭受损失。

对于项目上线后的迭代与升级，企业可以在合理规划下，用最平稳的方式尽可能地提高用户满意度。以搜索工具为例，一些用户发现自己使用的搜索工具有了一些新功能，而这些功能不是每一个用户的产品都有。出现这种情况一般是因为搜索工具给一部分指定的目标群体增加了尝试性功能，这样一方面可以测试产品性能，另一方面兼顾了服务器的容量问题。

企业的核心竞争力，往往来自项目的定位、功能、价格、使用体验等方面，这是无法凭借单纯的人海战略或者资金支持实现的。因此，在选择项目时，除了分析与解读项目上线方案以外，投资者还需要考量项目的核心竞争力。

第三节　项目风险预测

风险预测是项目评估的重要环节。如果投资者没有进行风险预测就盲目投资，很有可能投资失败，甚至陷入危机。在进行项目风险预测时，投资者可以从识别风险因素、关注风险爆发的可能性事件、计算风险爆发后的损失三方面展开，在投资项目前做好充分准备。

一、识别风险因素

在投资市场中，鲜有投资者愿意投资风险特别高的项目。为了更好地"避雷"，投资者要对项目进行分析，识别其中的风险性因素。通常来说，项目面临的风险有四种，具体如图 1-3 所示。

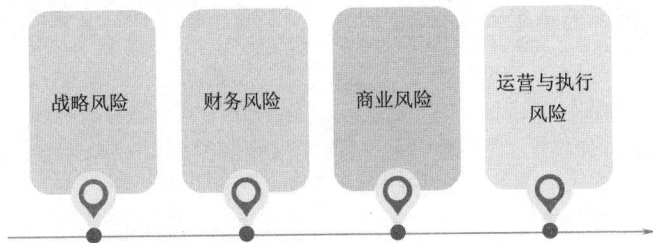

图 1-3　项目通常面临的四种风险

1. 战略风险

战略风险指的是可能对项目的发展造成影响的不可预估的事件。不管是企业外部还是内部的因素，都有可能给项目带来战略风险。例如，来自竞争对手的风险、新品研发的风险、转变行业方向的风险、政策变化的风险、企业收购与合并的风险等。

2. 财务风险

财务风险的外在表现形式是资金与利息、债务之间的关系，即企业的资金能否在偿还完利息与债务之后，维持项目的正常运转。若企业需要偿还的利息和债务金额巨大，甚至超过了其资产总额，就会陷入财务危机，面临破产的风险，企业的项目也无法继续开展。

财务风险的另一种表现形式是收益分配风险。收益分配风险主要来自收益分配的不合理，当企业股东的股权分配存在问题，引起股东不满时，股东可能会采取罢免高层、大量抛售股票等措施，阻碍企业的正常经营，导致企业陷入财务危机。因此，在收益分配方面，企业必须遵从合理、科学的分配方式，避免引发财务风险，影响项目的正常运行。

此外，投资者还需要特别注意企业是否存在财务造假及相关问题。财务造假不仅会给企业带来财务风险，还会对投资者造成严重的影响。

3. 商业风险

商业风险是企业所处外部环境发生变动导致的风险，主要包括以下几种，如图1-4所示。如果企业面临商业风险，那么企业的项目可能会终止，给投资者带来严重损失。

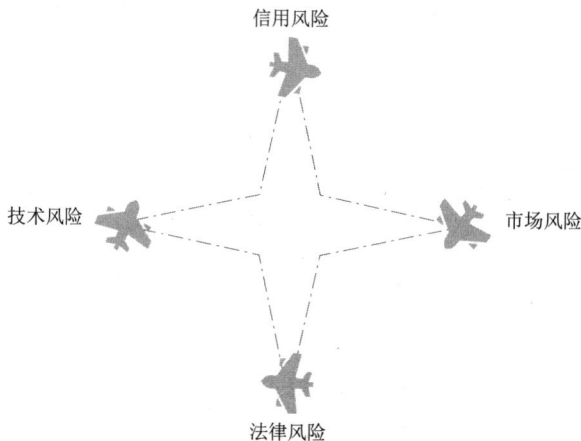

图1-4　项目可能面临的商业风险

第一，信用风险。这一风险指的是企业因不能在合作中正常履行合同条款，而引发的信用危机。这将对企业信誉造成损害，使企业的品牌形象受损，进而使投资者遭受严重损失。

第二，市场风险。这一风险主要包括金融市场风险与产品市场风险两种。金融市场风险指的是银行利率、外币汇率等不可预估的市场变化对企业经营造成的影响。

产品市场风险是市场供需关系发生的变化。例如，新产品出现导致老产品滞销、价格下降，原材料价格上涨导致成本提高等。这两种市场风险，都会对投资者收益造成影响。

第三，法律风险。企业与第三方发生法律纠纷或违反法律法规，都会导致企业面临法律风险。对于投资者来说，容易产生法律风险的企业不适合投资，会给投资者带来极大损失。

第四，技术风险。这一风险主要来源于企业项目对技术的依赖程度，以及企业是否具备相应核心技术。当企业并不具备核心技术，其项目又对核心技术有着极强的依赖性时，就很容易遭遇技术风险。

此外，如果企业对项目所依托技术的发展速度预判错误、没有把握技术发展的时机，也有可能引发技术风险。

4. 运营与执行风险

运营风险是由于业务流程、员工失误或某些外部因素导致项目产生经济损失的可能性风险。

大多数执行风险主要产生在项目运行过程中，包括信息系统安全风险、供应链风险、产品质量控制风险等。不过，执行风险也可能来自企业外部，投资者要谨慎识别。

上述风险都是项目发展过程中可能面临的风险，投资者应该通过对项目运行各环节进行仔细分析与考察，排查这些风险，准确识别风险因素。

实际上，很少有在整个发展过程中都不会出现任何风险的项目，只要项目面临的风险较少，且有相应的应对措施，能够抵御风险，投资者的收益就能够得到足够的保障。投资者也需要对企业提供的各项信息进行全方位分析，洞察企业是否刻意隐藏风险、是否具有风险防范措施等。

二、风险爆发的可能性事件

许多项目在发展初期，资源都较为紧缺，此时就需要把有限的资源利用到极致。在此背景下，项目团队往往处于十分紧绷的状态，当出现风险事件时，很容易遭受巨大冲击。

因此，在对项目风险进行分析时，投资者必须关注那些可能导致风险爆发的事件。这类事件不仅有可能发生在企业内部，还有可能发生在外部，还有可能是内外部多个事件的综合。例如，收益分配不合理、财务预期失误、利率上调等事件，都有可能使项目面临风险。

为了更加透彻地了解项目风险，投资者需要仔细考虑如何设定和分析风险事件。

第一，在设定风险事件时，投资者需要重点关注那些爆发概率较高的事件。某企业在财务方面问题较少，只有利率一个难以确定的因素，且利率变动的概率较大，那么投资者就可以将利率的上调或下降设定为项目的风险事件。

第二，在分析风险事件时，投资者需要考察项目所面临的风险事件的数量。风险事件越多，项目发生风险的概率也就越大。对于投资者来说，这样的项目所能带来的未来投资回报是不确定的，可能会给自己带来重大损失，不值得投资。

三、计算风险爆发后的损失

任何项目在发展过程中可能都会面临一定的风险，而某些难以预估、无法避免的风险爆发后，将会影响项目的稳定运行，损害企业的利益。而对于投资者来说，项目风险爆发，会对自己的投资回报产生严重影响。因此，投资者必须做好充分准备，做好风险分析、预测，计算风险爆发后可能给自己带来的损失。

某公司成功上市后不久，便被曝光，涉嫌使用违规资金 50 多亿元。

在这个案例中，该公司的损失是巨大的，并且投资者的利益也遭到了严重损害。事后的调查结果显示，其实这一风险事件是完全可以避免的，但是由于投资者与该公司都忽视了对风险的预防，以及对风险爆发后可能产生的损失进行计算，才导致二者都付出了惨痛代价。

该案例提醒投资者，在投资过程中，必须加强风险防范意识，否则风险发生后追悔莫及。在投资前，投资者需要对项目可能存在的风险进行充分了解，并合理计算风险爆发后的损失，评估企业是否具备应对风险的能力，最大程度避免投资风险。

第二章

股权投资

股权投资指的是投资者通过投资取得被投资企业的股份，最终实现获取较大经济利益的目标。本章将从股权投资的优点、股权投资的可行性分析、股权投资的核心问题三个方面展开，深入分析股权投资这一概念。

第一节　股权投资是好的投资模式

开放的资本市场为企业的发展带来无限机遇，促使股权投资时代到来。经过市场多年的验证，我们不难看出，股权投资是一个良好的投资模式。目前，股权投资已经成为市场中的热门话题，着眼未来，股权投资还将拥有更加广阔的发展空间。

一、股权投资的商业逻辑

从国际层面的大环境看，信贷扩张已经逐渐进入尾声，货币政策的调整已经难以推动整体经济的复苏。唯有依靠技术与模式的创新，才能进一步提高生产效率，推动经济复苏。股权投资能够为中小型技术创新公司注入生命力，促进技术的发展，不断淘汰旧的生产模式，催生新的产业、行业，从而带动经济发展。

当前，已经有越来越多的人通过在资本市场中进行股权投资获取收益，也有越来越多的人认识到了股权投资的价值。股权投资已经成为目前的投资趋势，是能够实现资本快速积累的有效途径。资本市场改革创新的步伐加快，各行业中的企业并购重组动作不断，股权投资市场飞速发展。

身处于转型升级的时代，资产投资的回报空间逐渐变小，甚至可能面临一定的风险；而投资传统产业或领域，前景难料。因此，股权投资，尤其是新经济产业的股权投资，已经成为投资者布局未来的最佳选择。

与股票交易相比，股权投资有着天然的成本优势。股权的本质是没有经过包装的原始股，不需要进行股份的切割，也没有经过公开交易来进行边际定价。这样一来，股权投资的成本大大降低。企业成长早期的相对溢价较低，而优质的创新型创业企业的成长空间非常大，股权有巨大的升值空间，股权投资成本低、收益高。

股权投资还具有专业性较强、资金门槛较高的特点。通常情况下，股权投资都是由专业的机构进行操盘与运作。普通投资者在进行股权投资之前，一定要选择可信且专业的平台与优质的系统，这样才能降低投资风险，投资真正优质的企业，获得高额回报。

二、股权投资的优势

当前，越来越多的投资者借助资本市场获得收益，并认识到股权投资的价值，投身于股权投资活动中。投资者为什么热衷于股权投资活动？这与股权投资的诸多优势密切相关，主要表现在以下几个方面：

1. 政策支持

在国家鼓励创新创业、以政策扶持新兴产业发展的大趋势下，股权投资活动得到政策的支持与鼓励。不少地区，如北京、武汉等地，都推出了相应的股权投资支持政策，吸引投资机构入驻，鼓励股权投资行为等。这些政策支持提升了投资者进行股权投资活动的信心。

2. 布局未来

股权投资是一种面向未来的投资方式。投资者选对了公司，公司未来的成长潜力将不可限量。

以高瓴资本投资腾讯为例，2001 年，高瓴资本以每股 3.7 港元的价格投资了腾讯，这时的腾讯还处于创业初期，刚刚推出了即时通信应用 QQ。但高瓴资本看到了腾讯的发展潜力，并在此后多次增持腾讯股票。此后，随着腾讯业绩的提升，高领投资也获得了丰厚的回报。到 2021 年时，腾讯的股价一度超过每股 600 港元，这意味着高瓴资本的投资回报率可能达到了几百倍。

资本市场中这样的投资案例并不少见，投资者着眼未来，以股权投资的方式布局未来，为资产提供了更大的增长空间。

3. 空间广阔

随着市场的不断发展，创业公司不断增多。海量的创业公司为股权投资提供了广阔的选择空间。同时，在整个市场中，投资者能够瞄准自己看好的创业公司或者创始人，进行跨行业、跨地域的投资布局，通过多样的股权投资活动，实现资产的高效配置。

4. 成本较低

与二级市场的股票交易相比，股权投资具有较大的成本优势。投资者在公司创业之初进行股权投资，可以用较低的成本获得公司的股权。随着公司的发展壮大，投资者也能够根据投资比例获得相应的收益。一旦公司成功上市，投资者卖出手中的股权，往往会获得几倍甚至十几倍的收益。

5. 省心省力

与股票投资不同，股权投资的目标一旦选定，投资者便不用时刻关注目标公司的股票变动。股权投资受市场短期波动的影响较小，关注的是公司长期成长价值。在选择目标公司的过程中，投资者也可以与专业的投资机构对接，依靠专业的技术、团队等对目标公司进行综合分析，筛选优质的投资目标，省心省力。

基于股权投资的以上优势，不少投资者都将股权投资视为重要的财富增值手段。股权投资既可以帮助投资者把握市场机遇，实现财富增长，又能够帮助公司在创业早期获得必要的资金支持，实现快速发展。可以说，股权投资对于投资者与被投资公司来说，都是十分有益的。

第二节 股权投资可行性分析

投资者在开展股权投资之前，需要谨慎分析投资情况，尽量降低投资风险。开展股权投资可行性分析，是投资者进行前期准备的重中之重。投资者可以从评估商业模式、分析现金流情况、衡量盈利能力、考察整个团队四方面入手，分析与股权投资相关的各种具体情况。

一、评估商业模式

创业就像烹饪，创业者需要把各种资源与产品进行有效的组合和加工，使其最终呈现为一道精致的"美食"，即能够为企业创造巨大的利润。商业模式可以看作烹饪过程中的手法。一个值得投资者选择的商业模式，应该具备以下几个特点，如图 2-1 所示。

使用门槛低

用户付费意愿强

强调体验

要求较高

图 2-1 值得投资的商业模式的四个特点

（1）使用门槛低。商界有一个名词为 Freemium（免费增值），即为用户提供长时间的免费服务，但产品中部分虚拟货品或高级功能需要付费才能使用。例如，作为一款提供线上沟通功能的产品，基础功能即可满足大部分用户的使用需求，但当商务会议时长超过 45 分钟时，用户就需要付费获取这一服务。

这类提供免费增值服务的产品拥有极低的用户使用门槛，受众群体十分广阔。在消费者被免费功能吸引，成为产品的固定用户后，就更容易为那些需要付费的服务买单。

（2）如果用户付费意愿强，用户黏性比较高，那么商业模式更容易获得成功。例如，以抖音为代表的社交类媒体，通过构建内容生态，吸引了大量付费意愿强的活跃用户，并成功将其转化为忠实用户。在当前这个流量时代，这些活跃的用户是成交的关键，这无疑是一种较为成功的商业模式。

（3）强调体验。随着时代的发展，用户越来越倾向于为体验付费。从本质来看，无论是内容、平台还是工具、服务，用户最终付费购买的都是一种体验，或者可以说是一种身份的满足。因此，企业在选择商业模式时，也需要强调其提供的产品或服务的体验性，这样才能获取更多商业利润，得到更多投资者的青睐。

（4）要求较高的商业模式，往往会使企业在起步阶段面临许多困难。例如，生态型商业模式和平台型商业模式，都是起步较难、要求较高的商业模式。然而，此类商业模式一旦成功发展起来，能够给企业带来巨大的收益。

起步难、要求高的商业模式，在发展起来后，会形成完整的商业生态闭环，成为企业后续发展的重要保障。小米等企业，都是这方面的经典案例，在顺利起步后，这些企业都在自身所处领域内获得了成功。

二、分析现金流情况

现金流是衡量一个企业是否健康运转的重要指标之一。通过分析企业的现金流情况，投资者可以了解企业的经营情况、财务稳健性等。作为一个重要的衡量指标，投资者需要充分了解企业的现金流情况。

投资者可以通过查看企业的现金流量表了解企业的现金流情况。现金流量表可以表现出企业经营活动、投资活动、筹资活动等三个方面的现金流情况。其中，经营活动现金流能够展示企业经营过程中的现金流入与流出情况；投资活动现金流能够展示出企业投资活动中所涉及的现金流；筹资活动现金流能够反映企业筹集资金、偿还债务所涉及的现金流。投资者可以对以上三个方面的现金流进行分析，如图 2-2 所示。

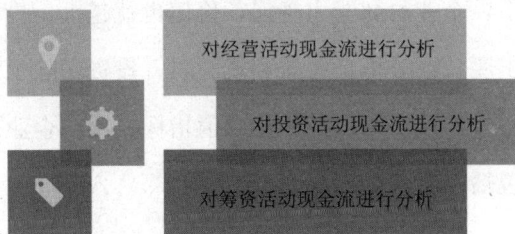

对经营活动现金流进行分析

对投资活动现金流进行分析

对筹资活动现金流进行分析

图 2-2 投资者分析现金流情况的方法

1. 对经营活动现金流进行分析

投资者可以分析企业经营活动的现金流量净额，正数意为净现金流入，负数意为净现金流出。同时，投资者也可以分析先进流量的变化趋势，如果净现金流量持续为正，则意味着企业经营活动良好；如果净现金流量持续为负，则意味着企业的经营陷入了困境。

2. 对投资活动现金流进行分析

投资活动现金流反映了企业购买和出售资产的现金流。投资者需要重点关注企业的资本支出情况，较大的资本支出意味着企业可能在设备或无形资产方面进行了投资。同时，投资者也要关注企业配置资产收到的现金流，这能够反映出企业是否进行了合理的资产配置。

3. 对筹资活动现金流进行分析

筹资活动现金流可以展示出企业借款、债务偿还、股权融资等方面的现金流。投资者需要重点关注企业股权融资获得的现金。这能够反映出企业的融资能力、市场接受度等。同时，投资者也要关注企业是否有较大的偿还债务流出现金流，这意味着企业可能会在未来减少用于企业经营与投资的资金。

通过全面分析企业的现金流情况，投资者可以了解企业的财务情况、经营能力等。这可以为投资者作出科学决策提供有价值的参考。

三、衡量盈利能力

通常情况下，企业盈利能力越强，价值也就越大，投资者能够获取的投资回报越丰厚。在分析企业盈利能力时，投资者除了需要考虑企业的净资产收益率外，还要考虑某些相对值指标。反映企业盈利能力的相对值指标主要包括以下四个，如图 2-3 所示。

图 2-3　反映企业盈利能力的相对值指标

1. 销售毛利率

销售毛利率是净利润的起点，体现了企业的初始盈利能力。如果企业的销售毛利率过低，便很难获得较大盈利。将销售毛利率、毛利额结合起来进行分析，投资者可以了解企业在财务费用、销售费用、管理费用等方面的承受能力。

企业销售毛利率的高低，与其所处行业息息相关。处于同一行业中的企业，其销售毛利率通常较为接近。行业的平均销售毛利率，是企业销售毛利率的重要参考，将二者进行比较，投资者可以知悉企业在生产成本控制、定价政策等方面是否存在问题，这是十分常见、很有效的评估企业盈利能力的指标之一。

2. 销售净利率

销售净利率，能够体现企业的最终盈利能力。该数值越大，企业的盈利能力越强。不同行业的销售净利率存在较为明显的差异，例如，传统制造业和工业的销售净利率通常较低，而高新技术行业的销售净利率则相对较高。因此，在分析该项指标时，投资者需要结合企业所处行业的具体情况。

销售净利率不仅受销售收入的影响，还受营业外收支、投资收益、业务利润等因素的影响，投资者需要综合考虑各种因素，进行全面分析。

3. 总资产报酬率

总资产报酬率能够反映企业的资产利用情况，即企业利用全部经济资源盈利的能力。该数值越高，表明企业在节约资金、增收节支等方面的工作做得越好。投资者获得的投资回报是否丰厚，与企业经营管理水平高低、资产结构是否合理、资产多少等有非常密切的关系。

总资产报酬率这一指标具有综合性。通过将总资产报酬率与企业所处行业的平均水平进行对比，分析企业与行业中发展状况良好的企业之间存在的差异，探究差异形成的原因，投资者能够更加精准地评判企业的经济效益，并挖掘企业提高盈利能力的潜力。

总资产报酬率与企业的净利润率以及总资产周转速度相关。企业的净利润率越高、总资产周转速度越快，企业的总资产报酬率越高。

4. 资本保值增值率

资本保值增值率能够反映资本所有者权益的保值与增值情况。在分析资本保值增值率时，投资者需要重点考虑以下两方面内容：

（1）引入其他投资者导致的所有者权益增加

当企业引入其他投资者时，资金的增加会使所有者权益相应增加，所有者的资本保值增值率也相应提高。然而，实际上投资者当时可能并未获得增值利润，投资者需要重点关注相关问题，避免自身的投资决策受到影响。

（2）通货膨胀

通货膨胀率的波动情况，会对投资者的收益产生较大影响。当发生通货膨胀时，即使资本保值增值率大于1，投资者仍然可能面临亏损。因此，在投资过程中，投资者要时刻保持谨慎的态度，切勿因为通胀情况，对市场形势盲目乐观。

在企业发展过程中，为了实现收益最大化与资金保值，部分企业会选择将闲置资金用于投资理财。若操作得当，企业能够获得巨大收益。然而，投资理财会使资金的流动性降低。当发生特殊情况时，若资金无法及时赎回，无法满足企业对流动资金的需求，将会给企业发展带来巨大隐患。因此，投资者需要对相关问题进行谨慎考量。

投资者对企业进行投资的根本动力，是收益的最大化，这也是企业持续发展的关键。盈利能力是企业的生命线，只有盈利能力较强的企业，才能够进一步提升自身的竞争力，使投资者获取更加丰厚的回报。投资者需要从多方面指标入手，结合企业所处行业的实际情况，对企业的盈利能力进行分析，更好地配置资金、开展投资。

四、考察整个团队

团队的实力，在一个项目的推进中，能够发挥出至关重要的作用。优秀的团队与团队成员，能够通过高质量且高效的工作，为企业带来效益的增长。在开展投资之前，投资者需要从以下三方面入手，对企业的团队情况进行分析与考察，如图2-4所示。

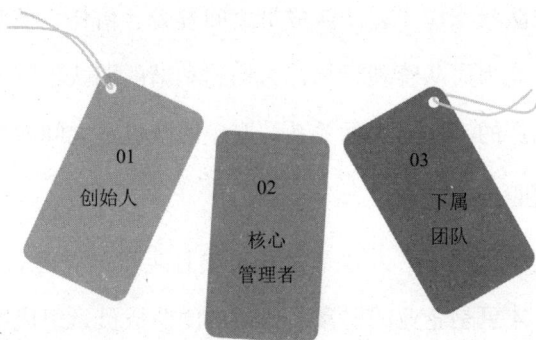

图 2-4　考察团队情况的三方面内容

1. 创始人

创始人是整个团队的"灵魂"所在，是企业的核心人物。当提起创始人时，人们往往第一时间就能够联想起创始人所创立的企业，例如，提起李彦宏，就会想到百度；提起雷军，就会想到小米；提起刘强东，就会想到京东等。

并且，在通常情况下，创始人都会对企业发展阶段、发展状况、发展前景等问题有着充分了解。考察团队创始人的情况，就能够对企业的状况有大致了解。

在很大程度上，创始人决定了团队的工作方式、团队氛围与企业文化等。在投资前，投资者对企业创始人开展的考察，需要重点围绕其创业的情怀与梦想、对企业未来发展的构想、从业经历、职业履历等多方面内容展开。通过了解这些方面，投资者能够直观知悉创始人是否具备带领企业向前发展的能力，以及团队是否值得信赖。

2. 核心管理者

作为企业事务的决策者，核心管理者往往在团队中占据关键地位。优秀的核心管理者是团队中的领军人物，将会为企业带来更加丰厚的利润，带领团队与企业在正确的发展道路上前进。考察核心管理者，投资者需要从个人格局、优势、工作能力、分工情况等多方面入手，综合考量核心管理者的素质。

理想的团队状态应当是团队成员之间友爱、信任、彼此支持。核心管理者应当以此为团队管理目标，为构建和谐的团队氛围不断努力，协调团队内部人员的工作与人际关系，避免团队成员之间发生冲突。

3. 下属团队

在企业发展过程中，人才是极其重要且宝贵的资源，认真、负责、努力的高端人才更是企业的财富。普通的团队成员是组成团队最重要的部分，但团队成员数量众多，投资者很难对所有团队成员都进行全方位、多角度的细致了解。

此时，投资者就需要进行有目的的取舍，对企业主要团队的下属团队、团队中的重点成员等进行有选择的考察。例如，重点评估某一类团队成员的工作能力、考察团队的人力资源管理情况与管理模式等。

第三节　股权投资的核心问题

在企业发展过程中，可能会出现一些问题，如股东抽逃出资、企业解散与清算等。这些问题与投资者的投资收益息息相关，是股权投资的核心问题。如何解决这些问题，扭转不利局面，成为影响投资者股权投资收益的关键。

一、股东抽逃出资问题如何解决

资本是企业得以正常维系与运转的核心，也是企业对外承担相应责任的根本。在市场交易中，企业的对外信用以及企业与交易方的权益担保，都取决于企业的资本。

作为平衡企业股东的有限责任、法人独立人格以及企业债权人的权益保护的桥梁，在司法实践中，企业资本却时常以各种形式被架空，甚至遭到严重破坏。例如，股东抽逃出资就是对企业资本造成破坏的形式之一。为了维系企业的对外责任基础，《中华人民共和国公司法》（以下简称《公司法》）中明确规定，禁止股东抽逃出资。

对于抽逃出资的股东，企业以及其他股东可以依照法律采取以下几项措施：

（1）企业以及其他股东，能够请求抽逃出资的股东向企业返还出资；

（2）企业可以根据章程、股东会决议，对抽逃出资的股东的剩余财产分配请求权、新股优先认购权、利润分配请求权等股东权利，进行相应的合理限制；

（3）企业可以向抽逃出资的股东催告返还出资，在合理时限内，若仍未返还出资，企业有权以股东会决议的形式，将该股东的股东资格解除。

二、解散与清算事件如何处理

企业解散指的是出于一定原因，已经成立的企业消灭其独立的法人资格的法律行为。企业清算指的是在企业宣告破产或解散后，依照一定的法律程序，将企业事务进行了结，进行债权收回、债务清偿以及财产分配，最终使企业经营终止、消灭的相关程序。

企业的解散与清算往往是相伴而行的，当企业完成解散后，只有通过清算程序，将企业的债权债务、剩余财产妥善处理，并进行注销登记后，企业的法律人格才得以最终消灭。企业解散仅仅只是使企业的民事权利能力范围缩小，在进入清算程序后，企业处于存续状态，但不得开展与清算无关的各种经营活动。企业的清算包括解散清算与破产清算，解散清算又包括强制清算与自行清算。

对于企业解散与清算，人民法院会进行如下处理：

（1）由企业股东提起企业解散的诉讼，且股东同时又向人民法院申请对企业进行清算的，人民法院不予受理其清算申请；

（2）在受理企业清算案件后，人民法院需及时指定相关人员组成专门负责案件的清算组；

（3）在审理企业解散相关的诉讼案件时，人民法院应当注重调解；

（4）人民法院指定的清算组在对企业财产进行清理的过程中，发现企业财产不足以偿清债务，需要依照相关规定向人民法院申请，宣告企业破产。

当企业的股权投资涉及解散与清算事件时，需要根据具体情况进行差异化处理。通常来说，企业的股权投资主要有两种方式，分别是与第三方合资设立新公司、设立独资子公司。

当面临前一种情况时，进行投资的企业需要对目标企业的前期注册登记情况进行了解，同时，还需要了解目标企业的资产负债状况、财务状况、其他股东的投资情况等。股权投资存在一定的特殊性，因此，在处理解散与清算事件的过程中，不能采取通常的拍卖或变卖的形式，必须参照相关规定以及程序，进行合法合规转让。

当面临后一种情况时，除了对目标企业的上述情况进行深入了解外，投资企业还需要关注子公司的资产是否需要并入解散的企业进行清算，以及如何并入并清算。

第三章

企业并购

企业并购，指的是企业与企业之间的兼并与收购的行为。企业并购是企业法人在等价有偿、平等自愿的基础上，通过一定的经济方式，获取其他法人产权的一种行为。企业并购是企业经营与资本运作的重要形式之一，也是企业融资布局的重要组成部分。

第一节　主流并购模式汇总

企业并购模式众多，其中，主流的并购模式主要有以下三种：协议并购、要约并购、竞价并购。下面将从这三种主流并购模式入手，深入分析企业并购的模式及其主要内容。

一、模式一：协议并购

协议并购指的是并购方不通过证券交易所开展交易，而是直接与目标企业联系，以协商、谈判的形式与其达成一致意见，从而对目标企业的股权完成收购的一种并购模式。在协议并购模式下，并购方很容易获取目标企业的信任，有利于降低收购成本与风险，但与之相对的，谈判时的契约成本较高。

通常情况下，协议并购的流程大致为：明确并购目标—选择目标企业—策划并购战略—成立并购小组—开始并购交涉—缔结意向书—调查目标企业的负债、资产等情况—确定并购方案—签署并购合同。

下面是一个协议并购领域的经典案例。

某公司曾以 69 亿美元的价格与 Scientific-Atlanta（科学亚特兰大，以下简称"SA"）达成并购协议。SA 是当时世界上最大的机顶盒生产商之一，这次并购有助于加快视频行业的创新发展，改变电视节目的传送方式。

该公司的首席执行官认为，此次并购是公司发展战略中的一项重要内容。此次并购为其他领域的企业提供了经验参考，当企业无法独立开发关键性技术时，并购就成为促进企业发展的重要手段。

在协议达成后，该公司在极短时间内完成了并购，弥补了自身在视频技术方面的不足，获得了进一步发展的强大动力。

二、模式二：要约并购

要约并购指的是并购方向目标企业发出并购公告，待目标企业确认后，方可采取并购行为的一种并购模式。要约并购是一种较为常见的并购模式，其并购对象为上市企业发行的全部股权。

1. 要约并购主要内容

（1）价格条款

要约并购的价格条款，有价格法定主义与自由定价主义两种主要方式。

（2）支付方式

要约并购的支付方式，主要有现金与证券等。当并购方发出的要约并购以终止被并购企业的上市地位为目标时，支付方式应当选择现金；当以可以依法转让的证券作为支付方式时，并购方还需要额外提供现金这一支付方式供被并购企业的股东选择。

（3）期限

除竞争要约之外，并购要约中的收购期限不得超过 60 日，不得少于 30 日。在此期限内，并购方不得将要约撤销。

（4）变更与撤销

并购要约发出后，便对并购方产生约束力。然而，由于并购的过程具有一定复杂性，当出现特殊情况时，并购方也可以依规变更或撤销并购要约。

在并购要约的规定期限内，并购方不得撤销要约。当超过这一期限，且并购方需要变更要约时，并购方应当及时发布公告，公布具体的变更事项。在变更并购要约时，并购方需避免如下问题：缩短并购期限、减少预定并购股份数额、降低并购价格等。

2. 要约并购程序

（1）当并购方持有目标企业已发行的 5％ 股权时，在该事实发生起 3 日之内，并购方须向相关机构进行书面报告，并通知目标企业，及时进行公告；

（2）当并购方持有目标企业已发行的 30％ 股权，并准备继续并购时，并购方须向相关机构提交并购报告书，并附注相关规定事项；

（3）当并购要约期满，且并购方持有目标企业的股权达 75％ 以上时，目标企业须终止上市；

（4）当并购要约期满，且并购方持有目标企业的股权达 90％ 以上时，并购方有权以同等要约条件并购持有剩余股票股东的股权；

（5）在要约并购期间，需要排除其他形式的并购；

（6）并购行为结束后，并购方需在 15 日内将详细情况报告相关机构，并发布公告。

三、模式三：竞价并购

竞价并购与要约并购的过程相似，二者之间可以互相参考。竞价并购的特点主要有：

（1）竞价并购的支付方式以现金为主，因此，并购方需要准备充足现金用以支付并购费用；

（2）在竞价并购的过程中，并购消息的传播可能会推动风险套利者购买目标企业的大部分股票。这样一来，并购方便能够更容易地对目标企业的股票进行大规模收购，并购方应当积极利用这一变动中的有利因素，推进并购流程；

（3）由于支付方式以现金为主，在竞价并购过程中，并购方往往需要承担较大的资金风险。并购交易的规模越大，并购方面临的资金风险越高。

为了降低并购成本，并购方可以选择发行高收益债券获取融资与双层出价这两种方法并购。

双层出价指的是在并购的第一阶段，并购方以现金支付的方式对目标企业的股票进行收购，获取目标企业的控制权；在并购的第二阶段，由于并购方已获取目标企业控制权，所以无须对敌意并购者的竞争出价过度关注，并购方能够对剩余的股票采用非现金并购的方式进行并购。

第二节　并购基本流程

虽然并购模式有多种，但企业之间进行并购通常需要遵循相同的基本流程。首先，需要选择并购目标与并购时机；其次，需要开展并购初期工作；再次，需要开展并购实施阶段的工作；最后，需要进行并购完成后的整合工作。只有遵循这一系列并购基本流程，才能更好地推进并购工作。

一、选择并购目标与并购时机

并购目标的选择有两种模式，如图 3-1 所示。

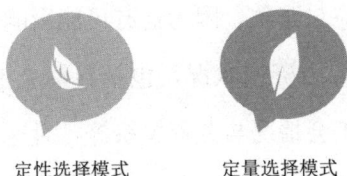

定性选择模式　　　　定量选择模式

图 3-1　并购目标的两种选择模式

在定性选择模式下，并购方须将目标企业的品牌影响力、企业规模大小、资产状况等与自身情况进行比较。并购方还需要通过各种信息渠道对目标企业的详细信息进行进一步收集与分析，避免落入并购陷阱。

在定量选择模式下，并购方需要对目标企业的数据进行收集与整理，以 ROI（投资回报率）分析、静态分析等方式，最终确定目标企业。

并购时机的选择，需要并购方通过对目标企业相关信息进行探索与收集，并运用定性、定量分析模型，进行可行性分析，确定最佳并购时机。

二、并购初期工作

在开展并购初期的准备工作时，并购方应当对目标企业进行深入、细致的审查。审查的内容主要包括目标企业的资产情况、土地权属的合法性、债权债务情况、诉讼情况、税收情况、雇员情况、抵押担保、认股权证等。在进行审查时，会计师、律师的作用十分关键。

具体来说，并购方需要对以下几项内容进行重点审查：

（1）目标企业的产权结构以及内部组织结构。对于并购方来说，其选择的目标企业可能是合伙制企业、外商投资企业，也有可能是股份有限公司、有限责任公司。对于不同性质的企业，并购方案也应当不同，并购方需要在完成对目标企业的调查后，有针对性地进行方案设计。

（2）目标企业的资产状况，包括目标企业的知识产权状况，不动产、动产以及产权证明的相关文件等。并购方尤其需要注意审查目标企业的大笔应收账款与应付账款，因为这有可能影响到并购价格。

（3）目标企业的人力资源状况，包括目标企业的主要管理人员情况、员工福利政策、工会情况与劳资关系等。对这一方面的内容进行审查，能够有效避免并购完成后可能产生的一系列纠纷。

除此之外，还有许多情况需要并购方进行详细调查，调查越详尽，并购成功率越高。

三、并购实施阶段工作

在并购实施阶段，并购方有许多需要完成的具体工作，包括与目标企业谈判，确定并购方式与并购的具体支付方式；撰写相关文件；确定并购后核心管理层员工的人事安排以及其他员工的安排等相关问题。直至最终实现股权过户，完成并购。并购实施阶段的工作主要包括以下五个步骤，如图 3-2 所示。

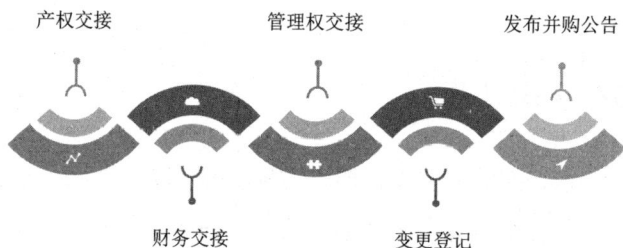

图 3-2　并购实施阶段的工作的五个步骤

1. 产权交接

进行并购交易的双方，在进行产权交接的过程中，需要接受相关机构的监督，并依据相关手续，进行资产的验收与登记。进行产权交接时，并购方需要对目标企业遗留的债务、债权等问题进行清理，办理更换债权的相关合同与手续。

2. 财务交接

在并购过程中，交易双方需要根据情况的变化，对财务会计报表进行相应的调整。例如，当被并购企业完全丧失其主体资格时，并购方应当妥善保管被并购企业的财务账册，并购方的财务账册也须进行相应调整。

3. 管理权交接

管理权交接与交易双方签订的并购协议密切相关。并购完成后，仅须对外发布公告，被并购企业的原管理团队能够继续主持工作。若管理权需要发生变更，交易双方就需要通过协商解决管理权的分配、新管理团队的入驻、被并购企业管理层的去留等问题。

4. 变更登记

在并购过程中，被解散的企业需要进行解散登记，新设立的企业需要进行注册登记，保持存续状态的企业则需要进行变更登记。登记完成后，还需要相关部门对其进行确认，并购才能正式生效。

5. 发布并购公告

并购完成后，交易双方需要向公众公布并购的具体情况，披露详细的并购事实，使市场中的相关主体能够及时调整相关的业务。

四、并购后的整合工作

对于并购方而言，完成并购流程并不意味着并购结束。只有成功实现被并购方与自身业务、资源的整合与调动，促进企业的进一步发展，达到并购前的预期目标，实现盈利，并购才最终完成。

例如，某生物公司花费 24 亿元资金跨界并购"新三板"公司"某股份"。"某股份"的主要业务是运营户外广告媒体资源。该公司主要通过代理、拍卖、招标的方式，取得机场、公交、地铁等户外公共交通系统的广告媒体资源的运营权，基于此，该公司构建起了横跨多个区域的户外广告媒体网络，为来自各行各业的客户提供广告设计、制作与发布等服务。

而并购方则是一家牛品种改良相关产品及服务提供商。并购完成后，该生物公司将跨界运营户外广告媒体资源相关业务。

由于两家公司的主营业务差距过大，跨界并购后，该生物公司面临完全陌生的商业环境，能否顺利实现产业整合，以及将会产生怎样的整合效果都充满着不确定性。并且，公司文化、相关业务团队等的融合都需要大量时间。

关联度较低的两家公司，在技术、人才、管理、知识等诸多方面都存在极大差异，跨界并购后，公司在发展过程中需要首先做好整合工作。

在实际并购交易中，并购完成并不是终点，还有许多问题亟待解决。成功完成并购后的整合工作，才能真正实现并购目标，使并购方获得快速发展。

第三节　评估并购价值

并购方不能盲目进行并购，而是需要对并购价值进行评估，避免并购完成后，不能达到预期目标。并购方可以从两方面入手评估并购价值：进行并购价值分析、探究影响并购价值的因素。

一、如何进行并购价值分析

当并购行为产生的多项权益的合并价值，大于单项权益之和，超出部分的溢价价值，就是并购价值。

开展并购价值分析，能够明晰被并购方产业资本的价值，更有效地降低并购成本，顺利完成并购。并购方主要可以从以下三个方面展开并购价值分析，如图 3-3 所示。

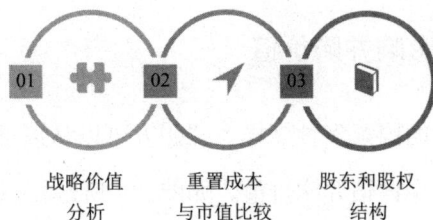

图 3-3　并购价值分析的三个方面

1. 战略价值分析

战略价值主要由企业所占据的独特资源以及企业的战略目标等因素决定，是影响并购价值的重要因素，也是影响并购决策的重中之重。

占据被并购方持有的独特资源，是并购方发起并购的首要目标之一。独特的资源具有不可替代性，并购方可以通过并购这一手段实现占有独特资源的目标。

2. 重置成本和市值比较

降低并购成本，也是并购方考虑的重点问题之一。通过将重置成本与市值进行比较，并购方能够直观了解影响并购成本的因素，并根据实际情况调整并购方案。

不同行业的重置成本存在较大差距，并购方需要根据实际情况的不同，采取最恰当的策略。

3. 股东和股权结构

股东和股权结构也是能够对并购决策产生影响的主要因素。

（1）股东情况分析。如果股东，特别是大股东的资金紧张，那么企业有可能引入新的投资方或接受恶意并购，对并购情况产生影响。

（2）股权结构。目标企业的股权结构越分散，并购方越容易成功完成并购，也容易引起大股东的回购。反之，若股权较为集中，则完成并购的难度较大。

二、什么会影响并购价值

影响并购价值的因素多种多样，并购方可以从以下五种影响并购价值的关键因素入手，评估并购价值，如图 3-4 所示。

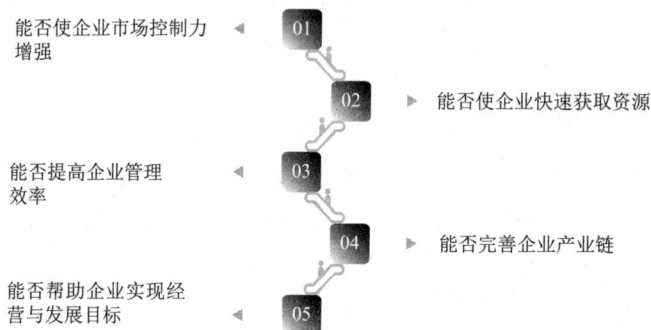

图 3-4　影响并购价值的五种因素

1. 能否使企业市场控制力增强

企业是独立的法人实体，扩张是其能够获得更佳发展的主要方式。而并购则属于外部扩张的关键手段。通过并购企业能够扩大规模，增强市场控制力，这也是并购价值的重要体现。

2. 能否使企业快速获取资源

借助并购的方式，企业可以迅速获取知识产权、人力等资源。通过并购，企业能够实现资源上的优势互补，在最短的时间内占据市场主导地位。

3. 能否提高企业管理效率

管理效率提高后，企业可以更有效地利用与配置资源，进而获取更多剩余价值。由此可见，更高的管理效率能够为企业带来更多效益。如果并购完成后，企业的管理效率得到提高，带来了更多效益，那么并购就是有价值的。

4. 能否完善企业产业链

完善产业链，是并购的主要目标之一。当产业链逐渐完善后，企业便能够摆脱依赖其他企业的困境，这能够使企业在市场竞争中占据更明显的优势地位。

5. 能否帮助企业实现经营与发展目标

被并购方的发展潜力，是并购方选择开展并购的主要原因之一。部分被并购方虽然规模较小，但拥有更好的效益以及更有效的营销渠道，通过并购，并购方能够获得更多资源与资金，实现其经营与发展目标。

第四章

天使轮融资

一个企业的创立与发展，大多需要经历多轮融资，如种子轮融资、天使轮融资，以及 A、B、C、D、E 轮融资等。从融资额度来看，越往后的融资轮次，融资额度越大。

天使轮融资经常发生在企业创立初期，虽然融资金额往往较小，但是对于企业的起步与发展至关重要。

第一节　走进天使轮融资

对于各行业中的企业，尤其是初创企业来说，认识到天使轮融资的重要性，积极开展天使轮融资，有着重大意义。本节将从天使轮的概念、天使轮融资的特点两方面入手，详解天使轮融资的相关内容。

一、天使轮的概念

天使投资者一般指在天使轮投资创业者的投资者，天使投资者也很有可能在其他轮次追加投资。那么天使轮指的是什么呢？

天使轮，即天使投资，指的是个人投资者出资协助具有独特概念或专门技术，但是缺少自有创业资金的创业者进行创业。同时，创业过程中的高风险以及创业成功后能够获取的高收益，都由提供资金的投资者承担。

从另一个角度来看，天使投资是非正式的风险投资机构或自由投资者，对小型初创企业以及原创型项目的一次性前期投资。天使投资是众多风险投资类型中的一种特殊形式。

然而，在现实投资交易中，并不是所有的天使投资都严格符合这一概念。例如，"个人出资"已经不再是主要的天使投资方式，专业的天使基金比较常见。但"前期投资"的定性仍旧适用于天使投资，天使投资往往指创业者获得的第一笔投资。在天使轮投资创业者的投资者，往往被称为天使投资者。

随着互联网投资的深入发展，在天使轮之前又细分出种子轮的概念。两者的差别是什么？可能每个投资者的标准都不一样，在这里我们将种子轮也看作天使轮。

处于天使轮的企业，创业者可能只有一个概念，还没付诸实践，或者刚开始研发，有了产品的雏形，但还没有做出完整的产品，又或者有了产品却没有大规模上线测试。此时的企业就像种子，需要浇水、施肥，种子才能发芽。如果把创业者比喻为辛勤耕耘的园丁，那么投资者就是一个"天使"。园丁有技能，但没有"肥料"。而作为"天使"的投资者则是为种子提供肥料的人。

二、天使轮融资有何特点

天使轮之后就是 A 轮融资、B 轮融资、C 轮融资，直至 Pre-IPO、IPO。现实中，每一轮融资还可以细分，例如，A 轮融资可以分为 A1轮、A2 轮等。这主要是在相对短的一段时间内，企业以相近估值融资时对各个投资者的定位和区分。

这个相对短的时间没有固定的衡量标准，对于那些发展快速、技术更新迭代周期短的企业而言，可能一两个月企业的估值就会发生大的变化。比较常见的模式是每半年到一年一家企业的市场估值就会有较大的调整。这跟市场有关，也跟企业业务情况有关。

天使轮融资主要有以下特点：

1. 企业处在非常初级的阶段

在这一阶段，创业者很可能只有几张 PPT，凭借自己在行业中的既往经历寻找潜在投资者，以获得创业资金。此时，投资者主要思考创业者创业方向是否符合大趋势、创业者是否靠谱。如果这两项都符合投资者的要求，投资者就会作出投资的决定。如果创业者要开展的业务暂时没有竞争者，或者竞争者没有有影响力的产品，创业者就会轻而易举地获得投资，且资金也会相对更多一些。反之，则可能无法打动投资者，或者无法以理想的估值获得投资。

2. 投资周期相对较长

进行天使轮融资时，创业者还处在创业初期阶段，有些创业者甚至还没有成立公司。投资者是通过出售股份的方式获利的，天使投资者一般都能"耐得住寂寞"，能够接受较长时间的利益等待期。投资者出售股份的方式有两种：其他投资者接盘和公司上市。只有公司产品在市场中有很强的竞争力、公司营收能力很强，投资者出售股份、公司公开上市才比较顺利。

下面以一些知名的中国互联网公司为例，展示公司从成立到上市的时间周期。

（1）新浪。1998 年 12 月，王志东在北京成立新浪的国内公司。2000 年 4 月 13 日，新浪成功在纳斯达克上市。新浪从成立到上市，仅耗时一年多，可谓"光速"上市。

（2）盛大。1999 年 11 月，盛大成立。2004 年 5 月，盛大在纳斯达克成功上市。盛大耗时 4 年 6 个月上市，这个上市速度不算太慢，毕竟盛大在这 4 年 6 个月时间内还进行过重大业务调整。

（3）网易。1997 年 6 月，网易成立。2000 年 6 月，网易在纳斯达克上市。网易耗时 3 年走完上市之路。其中，网易经历了从邮箱到门户网站，再到网络游戏的重大业务拓展。

（4）搜狐。1995 年 11 月，张朝阳从美国回国。次年 8 月，他获得天使投资并以此创办爱特信信息技术有限公司。公司的一部分业务是分类搜索，于是公司改名为"搜乎"。1997 年 11 月公司名由"搜乎"改为"搜狐"。1998 年 2 月，正式更名为搜狐公司，搜狐正式诞生。2000 年 7 月，搜狐在纳斯达克上市。

如果从张朝阳回国计算，搜狐上市耗时 4 年 8 个月。如果从搜乎更名为搜狐开始计算，搜狐上市耗时 2 年 8 个月。

（5）百度。2000 年 1 月，百度成立。2005 年 8 月，百度在纳斯达克上市。百度从成立到上市历经 5 年 7 个月。

（6）腾讯。1998 年 11 月，腾讯成立。2004 年 6 月，腾讯在香港上市。腾讯从成立到上市，耗时 5 年 7 个月。

（7）阿里巴巴。1999 年 9 月，"十八罗汉"告别北京回到杭州成立阿里巴巴。2007 年 11 月，阿里巴巴分拆 B2B 业务在港股上市。2012 年，B2B 业务从港股退市。2014 年 9 月，阿里巴巴集团在纽交所上市。

阿里巴巴 B2B 业务在港股上市耗时 8 年，阿里巴巴集团整体上市耗时 15 年。阿里巴巴是一个缓慢成长的"巨人"。

上述是中国知名的互联网企业的上市时间，各企业的上市时间有快有慢，各不相同。但最快的新浪也耗时一年半，而这种"光速"上市只是极少数的案例。天使投资者从投资到退出，往往需要若干年的时间，当然也有不少天使投资者选择在上市之前退出。当投资者认为"接盘侠"给出的价格合适时，就很容易作出退出的决定。

3. 投资风险高和投资回报高并存

曾经有人统计过：天使投资的失败率是 96%，成功率只有 4%。这个数据是否真实、科学还有待验证，但在一定程度上反映了天使投资的真实情况。投资界有"136"的说法，指的是：投资 10 个项目，其中 1 个项目赚得盆满钵满，3 个项目不亏钱，6 个项目亏钱。

以下这些典型的投资项目可以很好地诠释天使投资风险高和投资回报高并存这一特点。

案例一：2005 年，雷军以天使投资者的身份向好友李学凌创立的多玩游戏网（欢聚时代前身）投资 100 万美元。2012 年 11 月，欢聚时代在美国上市，收盘时的市值为 6.02 亿美元。雷军占股约 20%，所持股份价值约 1.2 亿美元，投资回报大约是 120 倍。

案例二：2007 年，雷军向 UC 投资了三四百万元人民币，占股 20%。2014 年，阿里巴巴以 43 亿美元收购了 UC，而雷军的这笔投资翻了 1 000 多倍。7 年时间，投资回报翻了 1 000 多倍，这在全球天使投资史上都很少见。有人说，或许只有极少数的天使投资者才勉强有这么高的回报率。

案例三：2000 年，阿里巴巴只是中国的一家小型电子商务公司。当时孙正义计划向阿里巴巴投资 4 000 万美元，不过最终只投入了 2 000 万美元，获得了阿里巴巴 34.4% 的股份。然而 14 年之后，阿里巴巴在纽交所上市，孙正义所持有的股份市值达到 580 亿美元。按照当时的市值计算，孙正义的投资回报大约是 3 000 倍。

案例四：2001 年，Naspers（南非报业集团）以 3 300 万美元收购了腾讯 46.5% 的股份，此后受股权增发等因素影响，比例有所下降，但依然是腾讯的第一大股东。10 多年里，腾讯业务不断扩张，股价也随之飙涨。截至 2018 年 1 月 29 日，腾讯最高价 462.6 港元，与 2004 年的最低价 3.375 港元相比，14 年间股价（后复权价格）涨幅高达 700 多倍。粗略计算，Naspers 的这笔投资最高增长至约 1 700 亿美元，浮盈约 5 152 倍，远远超过了 Naspers 自身的市值。

虽然有不少天使投资者获得很高的回报，但现实中，更多的天使投资者血本无归。天使投资成功并取得数十倍、上百倍的回报，在行业里并不常见。这样的回报相对 VC（Venture Capital，风险投资）平均 10 倍、PE（Private Equity，私募股权）平均 5 倍的回报而言，可谓天差地别。

4. 投资金额相对较小

天使投资者在选择项目时，基本上是按照一定的方向和行业选择。一般来说，天使投资者会在每个方向都投几个项目，不会将全部的希望寄托在一个项目上。因此，天使投资者往往在每个项目上的投资金额较小，十几年前天使投资的金额往往是 50 万～100 万美元。

当然不同时期和不同领域，天使投资的金额会有一些变化，在天使轮获得几千万元融资的项目也并非凤毛麟角。但在天使轮就能够融资数千万元的项目，往往是因为创始人有着非常强大的"光环"，天使投资者都是因为看中创始人而进行投资的，而这种创始人是稀缺资源。

天使投资者在"广撒网"之后，就进入等待期，其间可能会有一大半的项目夭折。对于这些失败的项目，有的投资者可能会将这些项目整合到成功的项目中去，毕竟一个失败的项目并非毫无价值。那些能够为失败买单的投资者，会在未来的投资中给其他创业者提供更多的经验参考，指导他们避开此前自己已经踩过的"雷"。

第二节　进化中的天使投资者

创业者若想了解天使轮融资，争取天使投资，对天使投资者的了解必不可少。只有充分了解天使投资者的发展与演变过程、天使投资者的两面性，创业者才能更有针对性地选择适合自身企业的天使投资者，才能成功完成天使轮融资。

一、天使投资者的演变过程

天使投资者是有胆识、有资金、有眼光的人。新技术往往意味着崭新而巨大的机会，天使投资者在无限宽广的蓝海中扬帆远航。他们不仅亲身经历了一场又一场创业冒险，还因此收获了巨大的财务回报。

天使投资者的发展经历了如下几个阶段，如图 4-1 所示。

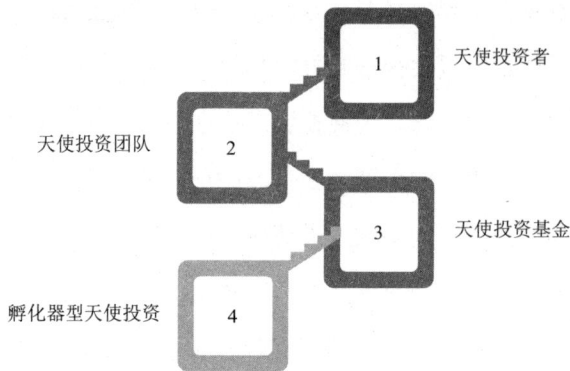

图 4-1　天使投资者的发展过程

1. 天使投资者

天使投资者是富裕的、拥有一定资本、投资于创业企业的专业投资者。这些天使投资者指的是个人天使投资者，他们都以个人的名义投资。这些人主要分为以下两类：

（1）成功的企业家和创业者。企业家和创业者本身就创立了企业，非常熟悉所处的行业，除了资金以外还拥有各种资源。通过资源整合，这类天使投资者能够为创业者提供一系列的增值服务。往往天使投资者的背书就能够给创业者提供超乎寻常的先天优势。国内比较有名的天使投资者有雷军等人。

（2）成功的专业人士。主要有银行家、大型企业的高管（尤其是投行的高管）、律师、会计师等。

此类天使投资者在其职业生涯中可能代表所属企业投资了非常多的企业，有非常丰富的投资经验，对行业未来趋势能作出较为准确的预判。他们或许不如雷军这样的天使投资者对下一个热门行业、技术有着深刻洞察，但他们对投资界的资金会涌入哪个行业非常敏感。敏锐的嗅觉，帮助他们准确把握时代发展的大方向。在新浪潮来临前，他们能够提前占位，占据巨大的优势。

2. 天使投资团队

天使投资者在做了几年"游兵散勇"之后，已经基本完成个人投资布局。换言之，其已经获得自己应得的利益了。随着越来越多的天使投资者涌入投资市场，多个投资者在一个行业，甚至一个细分领域中的竞争越来越激烈，投资市场中的投资机会越来越少。

粗犷投资就能有收获的时代逐渐退去，投资者只有"精细耕作"才能增加成功的概率。但"精细耕作"意味着需要投入更多的时间、掌握更加准确的信息、拥有更加雄厚的资金和更加强大的资源整合能力。

天使投资者单打独斗的时代一去不复返。为了在竞争中获得优势，天使投资者之间开始通过合作的方式"抱团"，组成天使俱乐部、天使联盟或天使投资协会，而个人则成为俱乐部、联盟或协会中的会员。会员们一起汇集项目来源，定期交流和评估，共享行业经验和投资经验。对于合适的项目，有兴趣的会员可以按照各自的时间和经验，分配尽职调查工作，且可以多人联合投资，以提高投资额度，共担风险。

天使投资者对失败项目的反思，促使天使投资系统化、专业化。在专业律师、会计师的帮助下，天使投资者设计各种投资条款规避投资风险。

3. 天使投资基金

除了一些非常有名、有雄厚资金实力的个人天使投资者外，大多的天使投资者都是普通人。这些人有单打独斗的能力，只是没有达到只凭借自己的财力就能投资若干公司的程度。这种投资者投资几个项目，可能就已经达到其能力和财力的上限，但这些投资者又对潜在的投资机会垂涎欲滴。还有一些投资者可能出于各种原因不想或者不能在投资项目上花费太多的时间，需要有专业的人员帮其管理投资事务，于是天使投资基金应运而生。

一些相熟的投资者联合起来以团队或者基金的形式投资。这样能够汇总每一个投资者的资源和优势，进行更大的投资布局。随着产业的发展，以及相关政策的出台，越来越多以有限合伙形式设立的天使投资基金相继出现。例如，张野设立的青山资本，庞小伟发起设立的天使湾基金，徐小平设立的真格基金，何伯权设立的广东今日投资等。

此外，还有一些从外部机构、企业、个人募集资金的天使投资基金，它们和 VC 的形式类似，但基金规模和单笔投资规模更小，如创业邦天使基金、青阳天使投资、泰山投资等。

天使投资基金的出现使得天使投资从根本上改变了原有的分散、零星、个体、非正规的局面，是天使投资趋于正规化的关键一步。投资基金形式的天使投资能够让更多没有时间和经验选择公司或管理投资的被动投资者参与天使投资，这种形式将是天使投资发展的主流趋势。

4. 孵化器型天使投资

孵化器有广义与狭义之分。广义的孵化器主要指有大量高科技企业集聚的科技园区，如深圳南山高科技创业园区、陕西杨陵高科技农业园区、深圳盐田生物高科技园区等。狭义的孵化器是指一个机构围绕着一个或几个项目对其孵化以使其产品化。

孵化器的主要功能是以科技型创业企业为服务对象，通过开展创业培训、辅导、咨询，提供研发、试制、经营的场地和共享设施，以及提供政策、法律、财务、投融资、企业管理、人力资源、市场推广和加速成长等方面的服务，以降低创业风险和创业成本，提高企业的成活率和成长性，培养成功的科技企业和创业家。

创业孵化器大多设立在各地的科技园区，为初创的科技企业提供最基本的启动资金、便利的配套设施、廉价的办公场地，甚至人力资源服务等。同时，在企业经营层面，创业孵化器能够给予被投资的公司各种帮助。

创业孵化器提供这一系列的服务并不是免费的，初创企业要获得这些服务需要付出的代价往往是股权。创业孵化器以办公场地、配套设施等方式作为出资，获得初创企业一定比例的股权。

二、了解天使投资者的两面性

天使投资者的投资不是做慈善，而是为了获得投资回报。股权投资实际上是一桩买卖，做买卖的最终目标是盈利。也许有些投资者的阶段性目标是积累经验、获取资源、打通供应链，但这不能一概而论。

在天使投资者从"游兵散勇"逐步向更加成熟的机构性投资者发展的过程中，天使投资者会遇到问题，甚至会陷入误区。但在解决问题、摆脱误区的过程中，天使投资者能够积累各种经验，掌握规避误区的技巧，这些技巧在法律上的体现就是各种保护投资者权益的条款。

在早期天使投资中，创业者卷款消失或公款私用的情况很多。因此，天使投资者投资时会非常谨慎，只投资给熟悉的人和熟悉的产业，依靠熟人身份建立信任关系，从而降低来自人性和产业的风险。

天使投资者把资金投入创业公司之后，往往不会参与创业公司的实际经营管理。那么对于资金的用途、使用方式，项目的预期发展计划、预期盈利模式等，投资者都需要提前了解并熟知。

随着法律专业人士的引入，天使投资者开始通过法律文件保护自身合法权益。而法律人士往往会设计各种风险控制条款、风险转嫁条款，将投资者资金损失的风险在法律上转嫁给创业者。如果创业者不仔细看或者没看到这些条款，就稀里糊涂地签了投资协议，那么可能会在公司出现问题时被榨干、无力回天。

三、雷军：传奇的天使投资者

在中国互联网行业中，雷军是一个传奇。雷军是一个执着的创业者，他的创业历程大概可以分为四个阶段。

1. 大学创业

受《硅谷之火》中创业故事的影响，雷军在大四的时候，和同学王全国、李儒雄等人联合创办了三色公司。当时他们公司的产品是一种仿制金山汉卡，可是好景不长，随后有一家规模更大的公司生产类似产品，而且这家公司的产品量更大、价格更低。

三色公司难以为继，雷军和他的同学生活困顿潦倒，更遑论经营公司了。苦苦支撑了半年，他们决定解散三色公司。在清点并分配资产时，雷军和王全国各分到一台 286 电脑和打印机，李儒雄则分到一台 386 电脑。

2. 金山时期

1992 年，雷军 22 岁，进入金山公司。雷军在金山工作 6 年之后，成为金山的总经理。雷军在金山工作了 16 年，其间他完成了金山的 IPO 上市工作。2007 年 12 月 20 日，雷军辞去金山 CEO 职务。

这 16 年可能是雷军人生中矛盾的 16 年。金山在 20 世纪 90 年代是著名的软件企业，雷军是"天之骄子"，非常聪明，他还是一名"劳模"。正如一句励志语说的那样：比你聪明的人，还比你努力。而雷军正是这样的人，他是中关村出了名的"IT 劳模"。

1992 年，雷军大学毕业加入金山，到 2007 年金山上市，这 16 年间，雷军未敢有丝毫懈怠。"劳模"这个称号除了赞许他工作够努力、够认真、够投入外，还意味着他没有业余时间和业余爱好。

对于一个真正想要做一番大事业的人来说，最郁闷的莫过于有苦劳却没有功劳。雷军自己总结是因为逆势而为，出的都是傻力气。在 Windows 时代，金山是中国最好的软件公司，有一批饱受赞誉的软件产品和一批能力强、经验丰富的软件专业人才。金山公司付出了很多精力同微软竞争，但最终，金山上市依靠的却是网络游戏业务，而不是传统的软件业务。

3. 天使投资者

如果说金山上市之后才结束在金山的职业生涯是雷军对金山的一个

交代，那么，2007 年之后雷军转做天使投资者，就是他另一段"开挂"人生的开始。

雷军作为天使投资者，投资了凡客诚品、多玩游戏网、优视科技、拉卡拉、UC 优视、大街网、长城会和多看等多家公司。这众多的公司基本都属于雷军所看好的三个非常有前景的领域。

第一个是移动互联网领域。移动互联网的规模是 PC 互联网的 10 倍以上，而 UC 优视、智谷、瓦力语聊、太美、卡卡移动、多看科技、迅雷、YY、7K7K、I Speak、一起作业、喜讯无限和天网均属这一领域。

第二个是电子商务。雷军在电子商务领域投资的公司有凡客诚品、卓越网、乐淘、尚品网、耶客和我有网。

第三个是互联网社区。他在互联网社区方面投资了多玩游戏网、逍遥网、绿人网、长城会、乐讯社区、Tech Web 和大街网。

雷军还涉猎了其他领域，例如，他投资的项目有拉卡拉、好大夫、金山多益、可牛、ZEALER 等。

作为天使投资者的雷军，有着自己的投资哲学：不熟不投和只投人。他曾表示，投资只投人不投项目，并且只投熟人及熟人的熟人，"我不在乎你在做的项目是什么，我认为在中国，在今天的中国创业市场上，缺的是执行力不是主意。"而拉卡拉的孙陶然、UC 优视的俞永福、好大夫的王航均是雷军的朋友，凡客诚品的陈年是雷军的老同事，大街网王秀娟则是雷军的校友。

"雷军系"这个词最早出现在 2011 年《中国互联网第一阵营是张桌子"Table"》一文中。当时雷军还专门发微博回应了这篇文章："Table 这个词把我搞惨了。我与 Table 不存在特别强的竞争，我在所投公司不是实际控制人，而是扮演他们的朋友。"

当时的"雷军系"和今日的"雷军系"不可同日而语，当时雷军刚刚创立小米，小米手机还处在研发阶段。当时"雷军系"的公司比小米名气大的比比皆是，小米只是一个初生牛犊。

作为天使投资者的雷军，做了两件重大的事情：一是在三大领域"广撒网"，在某种程度上带动了整个互联网的投资风潮，而有雷军投资的企业，往往能得到"雷军系"企业的帮助；二是推动投资的专业化和机构化，让投资成为一项可健康持续发展的、有规则的产业。

雷军于 2011 年 10 月底成立资金规模为 2.25 亿美元的创投基金——顺为基金。谈到为什么成立顺为，雷军说："我需要专业的团队帮我管理我的投资，很多投资者也希望我来帮他们管钱，我所投的项目在成长的过程中也需要融资，顺为的一些 LP（有限合伙人）直接、间接地投过我的项目，他们也一直希望我成立一个基金来帮他们管钱。"

4. 小米集团

小米集团及顺为基金的成立，代表着雷军的人生进入另一个阶段。此时，无论是作为天使投资者还是创业者，雷军均已做好了各种准备：风口、合适的合伙人、个人影响力、资金。

当时，手机是互联网行业一个重要的风口，雷军准确捕捉到这一风口。雷军踌躇满志，逐步打造出受年轻人喜爱的手机，在控制互联网的硬件入口的同时，小米的"米聊"曾经有机会和微信一较高下，可惜最终没能成为"微信"。

小米手机在发展初期顺风顺水，但在 2014 年到达巅峰之后，开始遭遇来自华为的挑战。如果小米集团只有小米手机一个系列的产品，那么小米最多称得上是一家硬件公司，而不能称作互联网企业。雷军多年在互联网行业中投资积累的经验，开始展现"魔力"。顺为基金是雷军十几年"劳模"生涯的反思，他不再固执地"逆天改命"，而是强调顺势而为。雷军的风口论，在互联网行业引发热议。

此时的"雷军系"主要是通过顺为基金和小米集团进行投资。小米集团的投资方向主要是根据小米产业生态链来定，而顺为基金则对与小米业务不太相关的互联网产业进行投资。换句话说，小米集团的投资属于战略投资，寻求的是与主营业务的耦合可能，为主营业务拓展提供可行性的探索，而顺为基金的投资没有跳出互联网行业。

通过投资，雷军编织了一张网，这张网在 5G 智能家居时代，让"雷军系"再一次"起飞"。从布局来看，小米已经分得智能家居这块大"蛋糕"的其中一块了。

第三节　天使轮融资成功之道

为了更好地完成天使轮融资，企业需要掌握一定的技巧，以达到事半功倍的效果。例如，设置阶段性目标、寻求可靠第三方的帮助、参加创业孵化器路演活动、与融资服务机构合作等。

一、合理制订接触天使投资者的计划

创业者接触天使投资者的优先级顺序，与融资目标有着直接关系。根据目标来调整接触天使投资者的优先级顺序，创业者可以减少在接触天使投资者方面耗费的时间。

如果企业的融资目标是获得更多资金，那么创业者就要扩大接触天使投资者的范围。接触的天使投资者越多，最终的融资金额越大。

如果企业融资的目的是获得天使投资者背后的资源和背书，那么创业者就要重点接触少数几个具有高度战略意义的天使投资者。在这种情况下，创业者需要针对这几个少数的天使投资者定制不同的融资方案，以使融资方案对他们有更强的吸引力。

接触天使投资者的计划应当根据天使投资者的不同进行相应的调整。影响接触计划的因素主要包括三个，如图 4-2 所示。

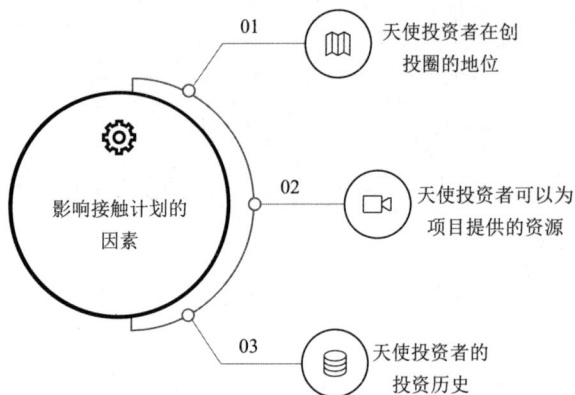

图 4-2　影响接触计划的因素

明确了这三点影响因素，创业者就可以选择合适的天使投资者，制订合理的接触天使投资者的计划，并根据投资者的不同特点，确定接触顺序。

二、寻求可靠第三方帮助

在接触天使投资者的过程中，创业者可以使用一些技巧增加目标投资者对自身的好感，例如，寻求可靠第三方的帮助，借助第三方的推荐接触目标投资者。

聚美优品是徐小平投资的最成功的项目之一，为其带来了数千倍回报。聚美优品创始人陈欧，就是通过第三方推荐接触到徐小平的。

陈欧为创业项目游戏对战平台 Garena（竞舞台）寻找投资者时，他的斯坦福校友、兰亭集势创始人郭去疾就把陈鸥引荐给徐小平。在充分了解这一项目后，徐小平决定出资 50 万美元，获取 10% 的股份，但条件是陈欧放弃斯坦福的学业，留在公司全力创业。迫于父母的压力，陈欧选择了继续读书，没有接受徐小平的投资。

两年后，陈欧从斯坦福大学深造回来，又一次遇到徐小平。简单介绍自己的游戏广告项目后，徐小平没有任何疑问，就向陈欧的项目投资了 18 万美元，甚至将自己的一套房产低价出租给陈欧作为办公场地。

随着创业的深入，陈欧发现线上化妆品行业是一个不错的发展方向，且这一赛道中，还未出现具有绝对优势的巨头企业。陈欧表示，化妆品产品市场开发的三个可行条件有：第一，电子商务在中国的快速发展；第二，生活质量的提高使得人们开始注重护肤，但是随着化妆品需求量的增大，市场上并没有出现一个信誉度高的化妆品网站；第三，从事一个为女性服务的行业减少了行业竞争，对自己有利。

由于企业的流动资金不足，所以陈欧一边继续发展游戏广告业务，一边上线了团美网（聚美优品前身）。团美网正品、平价的形象通过口碑相传，在短期内发展迅速，而后更名为聚美优品。随后，在徐小平的支持下，陈欧全面暂停了游戏广告业务，专注于聚美优品的发展，而徐小平则再次投资 200 万美元，推动聚美优品快速发展。

在可靠第三方的协助下，陈欧获取了天使投资者的帮助，实现了创业成功。可见，可靠第三方的帮助，是寻找天使投资者的重要方式之一。对于投资者来说，经由熟人引荐的创业者，更值得他们信赖，他们也更愿意进行投资，这就是信任背书的力量。

三、参加创业孵化器路演活动

大多数创业孵化器是由非营利性组织和风险投资者创建的，为创投事业作出了很大贡献。创业孵化器路演活动是指由创业孵化器主办的，邀请多名大众创业导师、天使投资者作为嘉宾，由项目创始人报名参与的路演活动。路演时，创业孵化器一方作为主持人，创业者对自身项目的市场前景、商业模式、团队情况等进行讲解，创业导师、投资者会与之交流，探讨项目。

与商业计划书追求全面、详尽不同，创业孵化器路演计划书追求简短、精练。下面是创业者参加创业孵化器路演活动的五点注意事项，如图 4-3 所示。

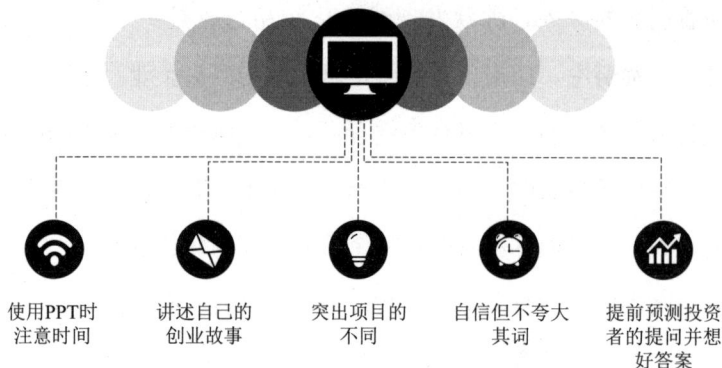

使用PPT时　　讲述自己的　　突出项目的　　自信但不夸大　　提前预测投资
注意时间　　　创业故事　　　不同　　　　　其词　　　　　者的提问并想
　　　　　　　　　　　　　　　　　　　　　　　　　　　　　好答案

图 4-3　创业者参加创业孵化器路演活动的五点注意事项

1. 使用 PPT 时注意时间

一般情况下，路演都会用到 PPT。创业者使用 PPT 展示项目需要注意以下三点：第一，尽量压缩 PPT 展示的时间，例如，原定需要花费 3 分钟进行展示的内容，尽量将 PPT 时间压缩在 1 分钟以内；第二，若主持人表示只有几分钟的路演时间，那么必须将时间压缩到 5 分钟以内；第三，在每一张幻灯片上停留的时间，最好不要超过 1 分钟。

2. 讲述自己的创业故事

与一板一眼的项目展示相较，轻松且重点鲜明的故事，往往更能在路演现场激活氛围。通过讲述故事的方式，企业创始人能够在最大程度上吸引投资者的注意力，给投资者留下深刻印象。

企业创始人可以向投资者展示团队的创业故事，如果故事能够引起投资者的关注，引起投资者的兴趣，就更容易获得投资。

3. 突出项目的不同

当前，正处于大众创业时期，投资者能够接触的项目非常多。创始人需要重点突出自身项目与其他创业项目的不同之处，让投资者眼前一亮。只有明确突出自身项目与其他项目的不同之处，凸显自身项目的优势，路演成功的概率才较大。

4. 自信但不夸大其词

事实上，许多投资者对于技术和产品的了解并不多，所以，创业者自信与否，也是他们判断项目好坏的重要依据。创业者无须因为自己经验不足或只懂技术不懂运营而过分胆怯、失去自信，这样反而容易使投资者认为项目不具备发展前景。

需要注意的是，自信并不是反复使用"最棒""最好""最吸引人"等表述，这样反而会给投资者留下不良印象。创业者的自信，是言谈举止自然、含蓄。在创业初期阶段，产品、商业模式等还不完善，创意也没有完全得到开发，所以创业者不能夸大其词。

5. 提前预测投资者的提问并想好答案

如果投资者对项目感兴趣，但提问比较尖锐、刁钻，创业者很可能手足无措，不知如何回答。这样的话，投资者很可能会在心里给创业者"扣分"。对投资者的提问做到心中有数，回答问题时不卑不亢，投资者就会对创业者有很好的印象。

做到以上五点，创业者就会在投资者心中留下一个不错的印象。在后续接触过程中，投资者表示出投资意向的可能性会加大。

四、与融资服务机构合作

专业的融资服务机构，是创业者与投资者之间的纽带，可以很好地将二者连接在一起。投资者的时间往往十分宝贵，融资服务机构的引荐，是创业者能够接触到投资者的重要渠道之一。融资服务机构有着非常丰富的经验，并且掌握着大量的投资者的资源，可以给创业者介绍合适的投资者。

不过，是否应该寻求融资服务机构的帮助，还存在一些争议。因为有些融资服务机构决策缓慢，附加值比较低，而且还会向创业者提出比较苛刻的条件，致使创业者在下一轮融资中举步维艰。

需要注意的是，当创业者准备寻求某一融资服务机构的帮助时，应该提前针对该机构的声誉等具体情况进行调查，最大程度发挥融资服务机构的积极作用，避免产生不良影响。

第五章

债权融资

在经济飞速发展的背景下，越来越多样化的融资方式出现。而不同融资方式的选择，关系着企业融资成本的高低，还对企业信誉、可持续发展情况以及经济效益等多方面产生影响，甚至会影响到企业的价值。本章将重点分析债权融资，使创业者能够深入了解这一融资方式，从而更理性地开展融资。

第一节　债权融资关键知识梳理

本节将从债权融资的概念、债权融资的特点两方面内容展开，梳理债权融资相关的关键知识，帮助企业为开展债权融资做好充分准备。

一、什么是债权融资

债权融资指的是企业通过举债的方式开展融资，企业需要承担债权融资所获资金的利息，并在借款到期后，向债权人偿清所借款项的本金。开展债权融资的企业，其主要目标通常是解决企业经营发展过程中面临的资金短缺问题。

债权融资中的投资者，是以债权人的身份进行投资，以购买某种权益或资产，最终获取相应的利润或利益。债权融资的投资者对风险的控制形式趋于固定收益。在传统意义上，银行贷款便属于债权融资的范畴。而贷款是金融机构或银行遵循一定条件、按一定利率出借货币资金的信用活动，贷款到期后，借款人必须偿清本金以及规定的利息。

二、债权融资特点

就债权融资来看，制定恰当的风险策略是企业成功融资的关键因素。这一风险策略，主要包括进行融资决策时需要考虑的经济与风险因素等，这与债权融资的特点息息相关。

债权融资的特点主要有：债权融资的成本较低、债权融资受额度与期限的限制较小、债权融资不会进一步稀释企业创始人的股权。

随着各行业中的企业发展速度不断加快，债权融资的便利性也大大提高，债权融资的特点使其适用于那些风险较低、建设周期较短的项目。

第二节　债权融资优势分析

企业需要根据不同的情况，以及不同融资方式的优势，选择适合自身发展的融资方式。债权融资的优势，主要在于能够发挥强大的税盾作用，夯实财务杠杆。

一、发挥强大税盾作用

税盾指的是能够起到减少或避免企业税负作用的方法或工具。由于债权融资中产生的利息能够在税前进行抵扣，因此，债权融资能够发挥一定的税盾作用。

例如，某企业某年的利润为 20 万元，在没有负债的情况下，该企业需支付 6.6 万元所得税，净利润为 13.4 万元。如果该企业进行债权融资，存在借债，在其他条件不变的情况下，需支付 10 万元的利息费用。而这笔费用属于税前列支，此时的企业则仅需支付 3.3 万元所得税。这就是债权融资发挥的税盾作用。

债权融资的税盾作用对于处于起步阶段或发展初期的中小型企业大有益处，能够使企业的融资成本进一步降低，在短期内获得快速发展，使企业尽快步入稳定运营状态。

二、夯实财务杠杆

财务杠杆又被称为融资杠杆，是企业在筹集资金的过程中，利用负债来调节资本收益与权益的一种手段。债权融资是夯实财务杠杆的有效方式。当负债经营使企业的每股利润上升时，就属于正财务杠杆；反之，则是负财务杠杆。合理进行债权融资，企业能够获取财务杠杆利益，在负债的情况下获取更多收益。

当经济情况良好时，与利息率相比，资金利润率较高，那么企业的盈利就会增加，得到进一步发展。在资本结构相对稳定的前提下，企业在息税前利润中支付的负债利息也相对固定，当息税前利润增加，息税前利润负担的负债利息就相应降低。在扣除所得税后，分配给企业所有者的利润就会相应增加，企业所有者能够获得额外收益。

在负债利息相对不变、资本结构相对稳定的前提下，息税前利润增加，将会促进税后利润快速增加，从而使企业获得可观的财务杠杆利益。这也是债权融资能够夯实财务杠杆，为企业带来收益的具体体现。

第三节　债权融资分类

债权融资有多种不同的分类，一般情况下，主要有发行债券、融资租赁以及银行与民间借贷融资三种类型。通过分析几种不同的债权融资类型，企业能够选择最适合自身实际情况的债权融资方式，更高效地获取发展资金。

一、发行债券

发行债券分为公募发行与私募发行两种形式，是创业者依据相关法律法规，发行具备兑付条件与债权的债券，从而获得融资的一种重要债权融资形式。

其中，发行私募债券是诸多创业者首选的融资方式。这是由于这一发行方式具备发行周期较短、无发行总额要求、满足企业多种融资需求、发行条件宽松等优势。

为了解决中小型企业融资难的问题，进一步拓宽中小型企业的融资渠道，针对中小型企业的私募债券制度已经形成，只要是满足发行要求的非上市中小型企业，即可通过发行债券直接进行融资。发行私募债券对企业的要求，见表 5-1。

表 5-1　发行私募债券对企业的要求

公司主体	符合企业债券、公司债券的一般性规定，如：（1）存续满两年；（2）生产经营规范，内控完善；（3）企业两年内无违法违规、无债务违约行为等
净资产	股份有限公司的净资产不低于人民币 3 000 万元，有限责任公司的净资产不低于人民币 6 000 万元
盈利能力	最近三年平均可分配利润足以支付公司债券一年的利息
偿债能力	对资产负债率等指标无明确要求，按照公司债券上市要求，资产负债率不高于 75％为佳
现金流	经营活动现金流为正且保持良好水平
用途	筹集的资金投向符合国家产业政策
利率	债券的利率不超过限定的利率水平
担保	鼓励中小企业采用第三方担保或设定财产抵/质押担保

在具体的实践中，不同证券公司对企业发行私募债券的要求不同，企业需要认真分析这些要求，选择与自身情况适配的证券公司。在银行贷款或股权融资存在一定难度的情况下，通过发行私募债券进行融资是较为优质的选择。

二、融资租赁

当前，除银行借贷这一融资方式外，融资租赁是最基本的债权融资形式。该融资方式的开展形式是：依据承租人请求，出租人与第三方供货商签订供货协议或合同，基于此，出租人向供货商购买承租人要求的设备。获得设备后，出租人与承租人签订租赁合同，出租人将设备出租给承租人，并向其收取租金。

融资租赁的特点有：还款压力小、融资期限长、融资方式灵活。这一融资方式较适合市场前景广阔，具有通畅的销售渠道，但需要及时购买设备以扩大生产规模的中小型企业。

在开展融资租赁时，创业者需要注意以下问题：

（1）承租人决定租赁物的具体类别，在融资租赁的存续期间，租赁物只能出租给一个企业；

（2）出租人无须对租赁物的技术与质量进行担保，供货商所提供的租赁物的质量由承租人负责检查；

（3）租赁物的所有权归出租人所有，在租赁期间，承租人享有租赁物的使用权，并负责对租赁物进行管理、保养与维护；

（4）在租赁期间，任何一方都无权单方面撤销租赁合同，无故毁约的一方须支付罚金，租赁物能够被证明已失去使用价值或已毁坏的情况除外；

（5）在租期结束后，承租人可自由选择留购租赁物或退租。若承租人选择留购，则需要与出租人协商确定购买价格。

三、银行与民间借贷

1. 银行融资

银行融资是以银行为中介开展的融资活动，是广大中小型企业通过间接融资获取资金的主要融资形式。这一融资形式主要具有以下三个特征：

第一，融资方式灵活多样，银行能够向借贷双方提供期限、数额不同的融资方案，供借贷双方选择；

第二，企业在银行的信用可进行积攒，续短为长；

第三，在授信之前，银行相关专业人员会对融资进行可行性研究，研究完毕后再进行融资决策，使融资纠纷与风险进一步降低。

2. 民间借贷

作为一种由来已久的民间金融活动，民间借贷是指自然人与法人或其他组织、自然人与自然人之间，其他组织之间，法人与法人之间，以有价证券或货币为标的进行融资的金融活动。

利用创始人的私人信用进行资金借贷，相当于私人借款，是民间借贷的一种形式。这是许多民营企业进行债权融资的一种独特方式，在民营企业内，这种融资方式十分普遍。但是，通常情况下，这种融资方式的融资金额较小，稳定性也难以保障。

第六章

股权融资

股权融资是指企业创始人或股东自愿出让企业部分所有权,通过增资的方式引进新股东的一种融资方式。在股权融资的过程中,企业的总股本也会增加。通过股权融资获取的资金,企业无须还本付息,但新股东将会分享企业发展过程中获得的盈利。

本章将从股权众筹、私募基金投资、战略投资三种股权融资方式展开,详解股权融资的相关内容,为企业正确开展股权融资、获取发展资金提供参考。

第一节　股权融资之股权众筹

股权众筹指的是企业通过向普通投资者出让一定比例的股份,来获取一定的发展资金,普通投资者以获取未来收益为目标,向企业出资。在进行股权众筹的前期准备工作时,企业需要考虑自身所处融资阶段是否适合进行股权众筹、股权众筹的模式以及股权众筹的基本流程等。

一、股权众筹适合的融资阶段

专注于股权众筹的投资者往往不太愿意接受已经进入发展后期阶段的企业,而是更喜欢需要进行种子轮融资或天使轮融资的企业。处于种子轮融资或天使轮融资阶段的企业,潜力往往还没有被完全开发出来,此时企业可能只有一个商业计划书或初始产品，很难获得投资者的青睐。即使企业能够吸引投资者，投资者大概率也会要求占据更多股权，从而影响创始人的控制权。

为了保护自身利益，创始人可以选择股权众筹，以整合各方力量，让项目从无到有、资金从少到多。有些投资者手里的闲置资金很多，但缺乏合适的投资渠道。在股权众筹时，如果企业可以吸引 40 个投资者，每个投资者投资 10 万元，那么融资金额就是 400 万元。对于大多数企业来说，这都是一笔可观的资金。有了这笔资金，企业就可以继续发展，生存更长时间。

如果企业没有很强的影响力和很高的知名度，那么不妨寻求股权众筹平台的帮助。现在很多平台就像中介一样，可以为企业吸引投资，为投资者挖掘优质项目。这些平台往往具备实名制、小额、融资金额迅速到账等特点，可以降低融资风险，使企业从中受益。

但对于股权众筹的项目，部分平台是有明确规定的。企业想在这些平台上进行股权众筹，项目就必须满足一些条件，例如，尚未引入 A 轮投资、融资金额为 20 万～1 000 万元等。甚至还有一些平台要求项目必须是 TMT（Technology，Media，Telecom，未来互联网科技、媒体和通信）领域的，而且要处于天使轮融资阶段。在入驻平台前，企业要对自己的项目进行审核，判断项目是否符合平台的规定和要求。

二、三大模式：有限合伙＋股权代持＋契约型基金

了解了股权众筹适合的融资阶段后，创业者还要了解股权众筹的三大模式，如图 6-1 所示。创业者只有对这三种模式有充分的了解，股权众筹才能更顺利。

1. 有限合伙模式

有限合伙模式是将参与股权众筹的投资者分组，形成有限合伙体，然后由合伙体作为投资主体对企业进行投资。合伙体通常由普通合伙人

与有限合伙人组成，普通合伙人是有经验的投资者，有限合伙人则是其他类型投资者。

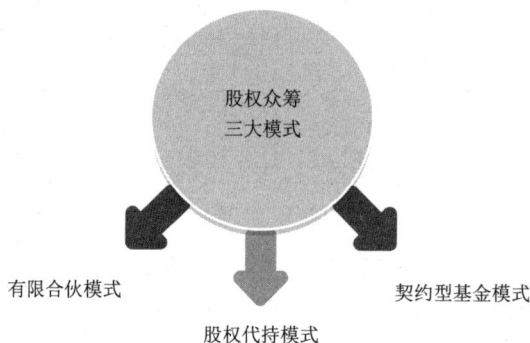

图 6-1　股权众筹的三大模式

总体来说，有限合伙模式有两大优势：

（1）投资者可以通过合伙投资降低投资金额，分散投资风险；

（2）不太专业的个人投资者不需要浪费大量的时间和精力挑选项目，只需要跟随专业投资者进行投资即可，从而进一步降低投资风险。另外，个人投资者也不需要向专业投资者支付管理费，投资成本能够大大降低。

2. 股权代持模式

因为参与股权众筹的投资者数量多，而且大多来自全国乃至全球各地，所以管理起来非常困难。为了解决这个问题，股权代持模式应运而生。股权代持模式是指挑选少数投资者作为登记股东，与其他投资者签订股权代持协议，代持其他投资者的股份。

股权代持模式的优势是不需要设立合伙体，但该模式的风险也很大，如图 6-2 所示。

第一，实际出资人与名义股东发生信任道德风险。

在股权代持模式下，名义股东可能会在没有经过实际出资人同意的情况下，将实际出资人的股权转让出去，损害实际出资人的利益。另外，如果名义股东存在个人债务问题，那么当他无法还清债务时，他所代持的股权会被司法机关强制执行，这也会对实际出资人的利益造成损害，而且其中还隐藏着法律风险。

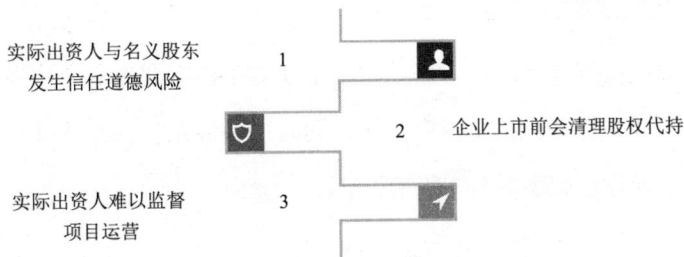

图 6-2　股权代持的风险

那么，企业应该如何避免实际出资人与名义股东之间的信任道德风险呢？方法如下：

（1）将股权代持情况写入企业章程，对名义股东的行为进行制约；

（2）提前为代持的股权办理质押登记，并规定相应的违约责任；

（3）将股权代持情况作为附件写入股权代持协议并在内部公开。这样内部人员都可以知道实际出资人与名义股东代持股权的情况，从而防止名义股东随意处理自己代持的股权。

第二，企业上市前会清理股权代持。

上市前，企业的股权结构必须是清晰、明确、合理的，股权代持经常被认定为不符合上市要求。要解决这个问题，比较好的方法是由企业回购股权，然后将股权归还给实际出资人。或者实际出资人可以将股权转让给名义股东，但双方要约定好转让价格，避免发生分歧。

第三，实际出资人难以监督项目运营。

很多时候，实际出资人是无法随时随地监督项目运营情况的，这也是股权代持模式的一个弊端。其实这个问题比较好解决，解决方法就是实际出资人在股权代持协议中对名义股东的权限进行规定，例如，重大事项决策必须征求实际出资人的意见等。

如今，股权代持模式已经得到了比较不错的应用，但企业要理性看待该模式。换言之，企业既要重视其合法性，也不能忽视其风险和可能出现的各种问题。

3. 契约型基金模式

与股权代持模式相同，契约型基金模式也不需要设立合伙体。在该模式下，基金管理机构是投资主体，同时也是股东。该模式操作起来比较简单，操作步骤如图 6-3 所示。

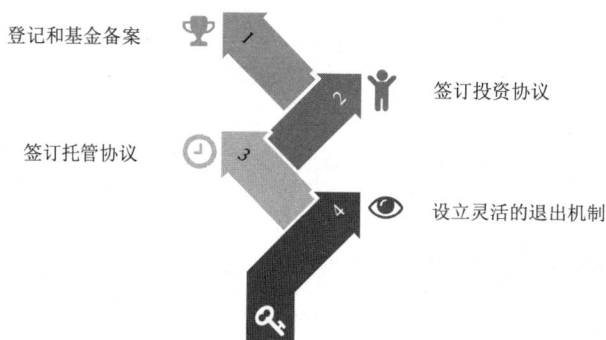

图 6-3　股权众筹平台设立契约型基金的步骤

在发行契约型基金前，参与股权众筹的投资者应该办理基金管理人登记手续。等到资金募集完成后，投资者还要及时将契约型基金备案。

投资协议可以明确不同参与者之间的权利和义务关系，同时还包括投资决策、投后管理、退出机制、利益分配、领投人管理费用等诸多关键内容。因此，所有参与者都要仔细分析和核实投资协议中的每一个细节，避免后期出现不必要的纠纷。

托管协议通常指的是投资协议中的托管条款。如果实际出资人同意，名义股东可以单独与平台签订托管协议，之后平台会设立独立核算的证券账户，由该账户对契约型基金进行托管。一般来说，该账户应该是独立于其他基金账户而存在的。

契约型基金模式非常灵活，例如，只要不违反法律法规，实际出资人与名义股东可以自行约定退出机制。因为在同一基金中，实际出资人与名义股东不是相互制约的。换言之，即使实际出资人发生变动，整个投资计划也不会受到很大影响。

综上所述，不同的股权众筹模式有不同的优势和特点。正所谓"适合自己的就是最好的"，为了充分保护各方利益，企业应该根据自己的实际情况决定采取哪种模式。

三、股权众筹基本流程

想要顺利完成股权众筹，了解其基本流程是很有必要的，如图 6-4 所示。

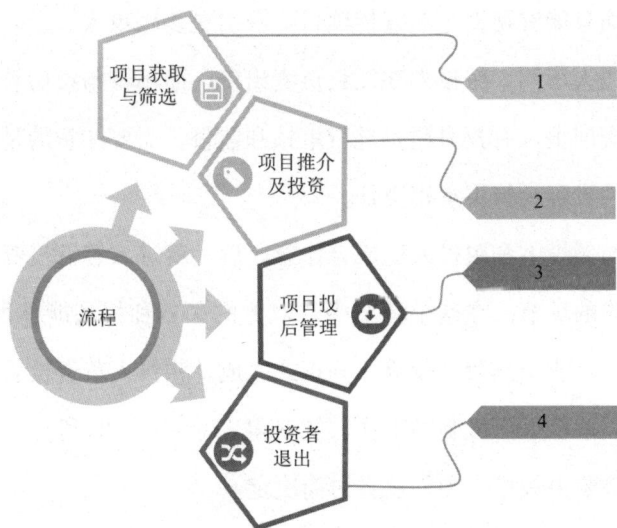

图 6-4　股权众筹的基本流程

1. 项目获取与筛选

在股权众筹过程中，平台会搜集大量项目，然后对这些项目进行分析和审核，同时还会与创业团队谈判并做严谨的尽职调查。经过一系列操作，平台就会找到一些符合要求的优质项目，包括被投资机构认可的项目、高回报的创新型项目、单体规模较大且增长速度快的项目等。在挑选项目时，大多数平台都会更关注知名天使投资者或 VC 领投的项目，或者是一些"黑马"社群认可的、经专业投资机构或投资专家判断合格的明星级项目。

当企业的项目通过平台审核后，项目就会在平台上显示出来，创业者可以主动与投资者联系。

2. 项目推介及投资

在项目推介及投资阶段，企业需要在线上启动项目，然后确定路演时间，按时进行路演。有些投资者会被路演吸引，此时企业就要明确领投人和跟投人。领投人通常是知识储备丰富、有多年经验、影响力强、社交资源丰富的专业投资者。他们可以独立对项目作出判断并承担相应的风险，而且能够帮助企业宣传项目，吸引更多跟投人。

与领投人不同，跟投人往往只负责出资，而不参与投后管理。他们更关注投资回报，有权对项目进行审核和监督。需要注意的是，领投人对跟投人的投资决策不承担责任。

企业与领投人和跟投人达成合作意向后，就进入签订投资条款清单和投资协议的环节。在这个环节中，双方的义务和权利能够得以明确，而等到双方完成交割后，投资才算正式完成。领投人负责投后管理、出席董事会、审核退出机制等工作，能获得5％～20％的利益分成，具体的分成比例要由领投人和创业者协商决定。

在项目推介及投资阶段，创业者要提前将平台要求提供的资料和文件准备好，及时与平台负责人沟通和交流，解决疑难问题。

3. 项目投后管理

在投后管理阶段，投资者会为企业提供相应的服务，包括战略及产品定位指导、财务合规管理、招聘及培训指导等。而企业则要配合投资者的工作，定期向投资者汇报项目进展，为其提供财务、业务、人力资源等方面的重要信息。企业也可以设立投后管理小组，每个项目都由专人负责，帮助投资者对项目进行监督和管理。这样一旦项目出现问题，企业可以直接找到负责人迅速解决问题，以便最大化地保护投资者的利益。

对于企业来说，提高投后管理能力是非常重要的，这也符合股权众筹的发展趋势。企业只有严格做好投后管理，才能让项目走上正确的方向，推动自身获得长久发展。

4. 投资者退出

退出是实现资金流通的关键。投资者只有在合适的时间退出，才可以将项目的价值转化为实实在在的收益。投资者退出的方式有上市退出、股权转让退出、回购退出、破产清算退出等。如果项目发展得非常好，投资者可以坚持到最后再退出。

在实际操作时，因为项目、企业的实际情况以及平台的要求不同，上述流程可能有所变化，但基本上不会出现很大差异。

第二节　股权融资之引进私募基金

引进私募基金是比较常见的融资模式，即 PE 投资。在 PE 投资过程中，企业要综合考虑 PE 投资的特点，以及私募基金机构分类等问题。

一、私募股权投资三大特点

综合来看，PE 投资有三大典型特点，如图 6-5 所示。

1. 资金筹集具有私募性与广泛性

PE 投资面向的是少数机构投资者或个人投资者，其销售、赎回都是交易双方私下协商的，因此具有一定的私募性。而 PE 投资的资金来源广泛，包括风险基金、杠杆并购基金、养老基金等，决定了其具有比较明显的广泛性。

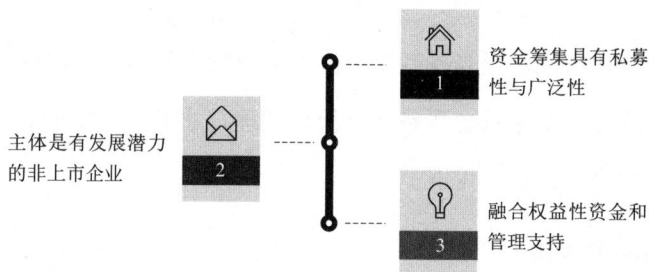

图 6-5　PE 投资的三大特征

2. 主体是有发展潜力的非上市企业

PE 投资的主体大多是有发展潜力的非上市企业。进行 PE 投资的投资者可以通过企业上市获得非常丰厚的投资回报，这也是他们选择项目的重要标准之一。

3. 融合权益性资金和管理支持

大多数投资者进行 PE 投资都是为了企业上市后，自己能够获得超额投资回报。因此，投资者不仅会为企业提供资金，还会为企业提供一些额外的帮助，如进入企业的董事会、追加投资和推动上市、制定发展战略和营销计划、管理财务业绩和经营状况、处理危机事件等。以鼎晖资本为例，完成对微众传媒的投资后，它又为微众传媒提供了很多帮助，如战略梳理与分析、团队建设、资本规划、社交资源推荐等。

除了鼎晖资本外，九鼎投资、复兴资本等知名 PE 投资机构也为企业提供力所能及的支持。它们有着丰富的经验和资源，可以帮助企业更上一层楼。

二、私募基金机构分类汇总

私募基金机构主要分为三类，如图 6-6 所示。

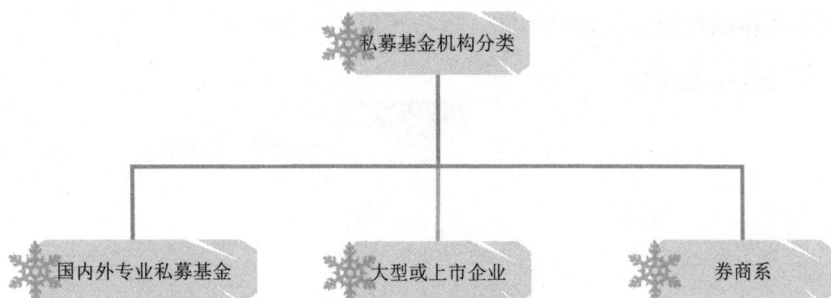

图 6-6　私募基金机构分类

1. 国内外专业私募基金

对于创业者来说，国内外专业私募股权基金是非常理想的投资者，其包括以下三类：

（1）专业的私募基金管理机构，如鼎晖资本、新天域资本、弘毅投资、软银赛富等；

（2）国际投资银行下属的直接投资部，如高盛直接投资部等；

（3）大型集团下属投资基金，如 IBM 旗下的中国投资基金等。

在投资时，这些专业私募基金有非常明显的特点，包括投资取向明确，对所投资领域、企业发展阶段、投资规模等都有很严格的要求；为整个投资流程设计了非常严谨、全面的计划，而且经验丰富，拥有大量资源；坚持利益至上原则，更关注自己能获得多少投资回报。

2. 大型或上市企业

大型或上市企业不会直接从事 PE 投资业务，而是让下属创投机构开展 PE 投资业务。从目的上来看，大型或上市企业之所以进行 PE 投资，原因有以下三个，如图 6-7 所示。

大型或上市企业的 PE 投资也有比较明显的特点：

（1）大型或上市企业的 PE 投资必须符合其战略发展方向，所以投资范围通常比较小；

（2）大型或上市企业习惯用闲置资金进行 PE 投资，因此，每年它们只要将预期的投资额度用完，就很可能不再投资；

图 6-7　大型或上市企业开展 PE 投资的目的

（3）缺乏 PE 投资知识和行业经验的大型或上市企业难以形成通畅的退出渠道；

（4）对于创业者来说，大型或上市企业的 PE 投资并不是最理想的融资途径。因为有些大型或上市企业为创业者提供的增值服务非常有限。

3. 券商系

中信证券、中金公司等是第一批获得券商直投资格的机构，它们都设立了全资子公司，由全资子公司开展直投业务。它们的投资对象大多是有发展潜力的未上市企业，投资期限通常不超过 3 年，投资模式则是曲线直投。

曲线直投模式主要分为三类，如图 6-8 所示。

图 6-8　曲线直投模式分类

（1）券商可以在内部成立直投管理部，并发布专项理财计划，以募集更多资金。

（2）券商还可以成立单独的投资公司进行直投。另外，成立投资基金管理机构也是券商比较常用的直投方法。

（3）券商还可以以基金管理者或投资顾问的身份与专业的 PE 机构合作，双方可以一起投资，共享投资回报。

以上三种是最常见的私募基金机构。在 PE 投资过程中，企业要谨慎做决策，选择最适合自己，与自己的发展阶段和战略最匹配的机构进行合作。

第三节　股权融资之引进战略投资

引进战略投资是股权融资的一种重要形式。与财务投资相较，战略投资对财务回报的关注度较低，其关注点更多在于目标企业业务与自身业务能否充分融合。在引进战略投资前，企业应充分分析所处行业市场环境，寻找能够帮助企业实现长期发展的合作伙伴，最大化地发挥战略投资的作用。

一、战略投资者的特点

对于企业来说，引进战略投资者是出于对成本、市场、竞争力等方面的综合考虑，也是企业发展战略的重要组成部分。与其他类型的投资者相比，战略投资者的"野心"更大，要求也更多。他们希望自己投资的企业可以弥补自己在某个方面的不足，也希望自己可以参与企业的经营，与企业形成战略协同效应。相应的，他们在技术、管理、社交资源等方面有一定的优势，可以帮助企业升级业务架构，进一步提升企业在市场上的影响力和竞争力。

在投资时，战略投资者往往更倾向于投资相近行业或与自己处于同一行业的企业。例如，百度、腾讯、今日头条等就可以成为互联网企业的战略投资者。因为战略投资者更关注长期利益，所以他们的投资期限比较长，通常为5～7年。

因为战略投资者希望参与企业的经营，所以他们很可能会提出派驻高管或替换高管的条件。这种条件对创业者是不利的，会对创业者的控制权产生一定的影响。因此，在做决策时，创业者要想好是否接受这种条件。如果选择接受，那么创业者就要多和战略投资者互动，要求对方帮助自己度过适应期，尽快改变传统的管理模式。

创业者也要充分利用战略投资者的资源，推动企业扩大规模，使企业更快、更顺利地成长起来。这样到了后期上市阶段，企业也容易获得投资银行的支持和其他投资者的认可。战略投资者一般都有非常丰富的上市运作经验，企业可以在他们的帮助下进一步完善财务架构，降低上市难度和上市风险，同时巩固和提升企业在股市中的地位。

不过，任何事物都有两面性。战略投资者在为企业发展作出贡献的同时，也会带来一些问题。例如，战略投资者可能不太关注企业的资产升值情况，而是会把重点放在调整企业的业务布局和满足市场需求上。因此，如果创业者无法对企业的发展战略进行很好的把控和规划，创业者的决策过于依赖战略投资者，那么企业的发展方向也许会因受到战略投资者影响而出现偏离，企业发展有可能受到限制。

二、百度的战略投资秘籍

百度是互联网领域较早诞生的知名企业，它之所以可以获得如今的成绩，是因为它进行的融资是高效、合时宜的。综合来看，给百度的发展带来比较深刻的影响的融资经历有三段，如图 6-9 所示。

1. 第一段融资经历：获得 Integrity Partners（信诚合伙）和 Peninsula Capital Fund（半岛基金）的投资

在百度创立初期，Integrity Partners 和 Peninsula Capital Fund 两

家 VC 就十分看好百度的发展潜力，分别为百度投资了 60 万美元。对于尚处于初创阶段的百度来说，120 万美元的资金无疑是"雪中送炭"。而百度也不负众望，用这笔资金打造出非常先进且十分受欢迎的搜索引擎，为之后"商业大厦"的建成奠定牢固的基础。

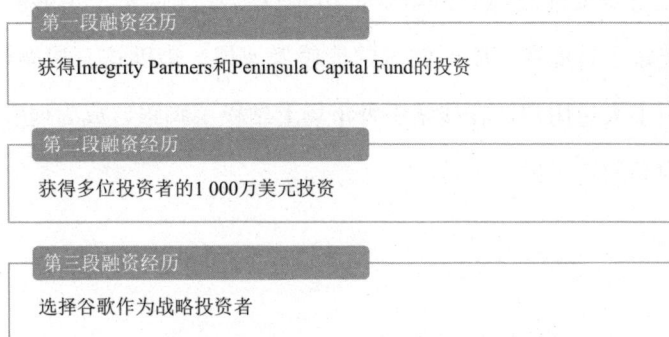

第一段融资经历
获得Integrity Partners和Peninsula Capital Fund的投资

第二段融资经历
获得多位投资者的1 000万美元投资

第三段融资经历
选择谷歌作为战略投资者

图 6-9　给百度的发展带来比较深刻的影响的三段融资经历

2. 第二段融资经历：获得多位投资者的 1 000 万美元投资

随着百度的不断发展，越来越多投资者开始关注百度，希望为百度投资。在第二段融资经历中，百度获得了多位投资者的青睐，包括 Integrity Partners、Peninsula Capital Fund，以及美国风险投资机构 DFJ 和 IDG。这些投资者为百度提供了 1 000 万美元的资金，这笔资金成为百度升级搜索引擎，顺利渡过技术攻坚期的重要支撑力。

3. 第三段融资经历：选择谷歌作为战略投资者

在进行第三轮融资时，百度已经获得了非常不错的发展，是为大众所熟悉的知名企业，搜索引擎也发展得非常成熟。但百度还没有找到合适的战略投资者，难以巩固来之不易的成绩，也无法推动自己获得进一步发展。因此，百度第三轮融资的首要目标就是寻找一个合适的战略合作伙伴。

之后，谷歌向百度抛来了橄榄枝，而百度也欣然接受了。于是，百度与谷歌达成合作，谷歌顺理成章地成为百度的战略投资者。对于百度来说，谷歌是一个很理想的战略合作伙伴。在谷歌的帮助下，百度的和影响力和竞争力进一步提升。而且谷歌只要求占据百度极少的股权，这意味着，百度的战略和发展方向不会被谷歌影响，它仍然是一家有自主经营权的企业。

三段有重要战略意义的融资经历不仅为百度带来了足够的发展资金，还奠定了百度在互联网领域的佼佼者地位。借助这三段融资经历，百度吸引了大量用户，在搜索引擎市场上站稳了脚跟，成为搜索引擎领域一颗闪亮的"星星"。

下篇

法律风控要点分析

第七章

尽职调查计划

尽职调查，又被称为审慎调查，指的是在投资过程中，投资者对目标企业的财务与经营情况、资产与负债情况、法律关系与潜在风险等开展的一系列调查。尽职调查是投资者投资决策的过程中非常重要的环节之一，也是防范风险的关键手段。

第一节　尽职调查分类

在尽职调查阶段，投资者的目标主要是增强自身对目标企业和创业者的了解，以衡量自身与目标企业的契合度，规避法律风险和财务风险。尽职调查的分类，主要有法律尽职调查、业务尽职调查、财务尽职调查和人事尽职调查。

一、法律尽职调查

法律尽职调查是指在证券发行、企业投资、并购等行为中，由律师对目标企业或者发行人的主体合法性存续、股权架构、企业资质、资产和负债、对外担保、重大合同、关联关系、纳税、环保、劳动关系等一系列法律问题的调查。

法律尽职调查一般依据一份尽职调查清单进行。投资者会向目标企业发出法律尽职调查清单，清单上会列出目标企业需要准备的文件。律师或者法务在收到文件后，会根据实际情况决定是否需要目标企业进一步提供资料，或者是否需要现场调查。

根据不同企业的具体情况，法律尽职调查的重点各不相同。对于重资产企业，投资者需要重点核查资产的权属情况；而对于轻资产企业，投资者就需要重点核查知识产权等无形资产的权属情况。

法律尽职调查的另一个重点，是核实目标企业诉讼及纠纷情况，投资者要根据诉讼及纠纷的性质作出相应的判断。如果目标企业涉及诉讼案件，投资者要判断诉讼结果对目标企业业务的影响。如果诉讼对目标企业业务发展产生重大影响，那么投资者须判断这是否意味着目标企业业务本身存在重大的法律风险。

例如，某个房地产投资项目，投资者看中目标企业持有的某块土地，认为根据当地城建规划，未来这里将会成为市区中心。但是此块土地存在权属纠纷，这就是影响投资目标实现的重大法律风险。

尽职调查结果显示目标企业存在法律风险往往是常态。大多数企业，尤其是快速发展的企业，可能会由于内部管理并不完善、业务合作不太规范，而或多或少地存在一些法律问题。

法律尽职调查不仅有利于投资者了解目标企业存在的问题，为投资者的投资决策提供依据，还有利于创业者了解自己的企业面临的法律风险，及时采取补救措施，从投资者的角度对投资交易架构进行调整。

二、业务尽职调查

业务尽职调查指的是对目标企业业务情况的调查，以产品、商品、市场表现等与业务相关的方面为主。业务尽职调查可以分为两个阶段：第一个阶段是投资者主导的尽职调查；第二个阶段是投资者委托专业人员对目标企业业务情况的调查。

第一个阶段的尽职调查，考验的是投资者的专业能力和市场敏感度。每位投资者的投资目的和标准都不太一样，在 A 投资者看来没有价值的目标企业，可能在 B 投资者看来就是一个不错的投资选择。

投资者根据其所在企业的情况，运用各种调查方式，如查询公开资料、打探消息、与目标企业实际控制人及核心人员接触洽谈等，确定投资目标。这非常考验投资者对行业及市场的了解，更加考验投资者的人际关系。好的投资对象在任何时候都是稀缺资源，投资者越早发现优质的目标企业，越早与目标企业接触，投资成功的可能性就越大。

每位投资者对业务尽职调查的详尽度要求各不相同，一般情况下，投资者想要通过业务尽职调查了解这些内容：目标企业所处的行业、主要竞争对手、目标企业的竞争优势、业务模式、盈利模式、营销模式、核心资源。

一般来说，在签署投资意向书或者其他的文件后，投资者才能启动尽职调查。有些行业或者地区会有一个不成文的惯例——投资者要向目标企业支付一笔费用才能开始尽职调查。因为在正式签署投资意向书之前，目标企业会出于信息泄露的顾虑而不愿向投资者披露其核心数据、商业机密，如用户信息、市场占有率、技术优势等。只有在签署投资意向书、单独的保密协议或者其他文件，并且投资者支付了一笔费用之后，目标企业才会按照投资者的要求提供详细的数据信息。

而投资者获得相关信息之后，才能够对目标企业的业务发展作出更加全面和准确的判断。但需要注意的是，并不是所有目标企业都会按照投资者的要求提供全部信息，毕竟有许多信息是目标企业的核心机密，投资者需要根据目标企业处理后的信息作出评估。

第一阶段的业务尽职调查完成后，就可以启动投资评估流程。有些企业的投资经理就有一定限额的投资决策权，而有些企业的投资事项需要董事会或者投资委员会审批。投资评估完成后，如果投资者认为目标企业符合自己的投资策略，就可以启动正式的投资流程。

三、财务尽职调查

财务尽职调查一般着重于目标企业所在行业研究、企业所有者、历史沿革、人力资源、营销与销售、研究与开发、生产与服务、采购、法律与监管、财务与会计、税收、管理信息系统等方面。财务尽职调查更多的是对目标企业"过去创造的价值"进行调查，考察目标企业的财务报告是否真实反映公司的经营成果。

和法律尽职调查一样，财务尽职调查一般也有一份尽职调查清单。财务尽职调查的重点在于核实财务数据的真实性和财务预测是否科学。财务报表中的一些数据可能是虚假的，财务专家或者审计人员需要"火眼金睛"地识别出那些经过处理的数据，例如，资产中是否有投资权益、资产的结构是否健康、现金流是否健康等。关于财务预测，投资者则需要评估财务预测方式是否科学、是否有依据、预测是否过于乐观等。

随着时代的发展，电商直播和影视娱乐业发展繁荣。而对于投资者来说，投资直播或者影视项目，则需要对投资对象的税收情况进行重点关注与调查。因为一些主播或者影视圈明星，可能存在严重的偷税漏税的问题。

纳税是公民和企业的基本义务。借助财务尽职调查，投资者可以了解目标企业的财务事项是否合法、合规，以避免目标企业存在偷税漏税问题而给自己的投资带来风险。

四、人事尽职调查

在并购或者控股相关的投资中，人事尽职调查是一项非常重要的工作。在参股或者财务投资性质的投资中，人事尽职调查的重要性相对较低。因为在并购和控股后，涉及一个非常重要的交割事项：人事管理权的移交。

一家企业被并购或者由第三方控股之后，就会成为某个集团企业的成员。该企业的经营方针和策略，需要遵从集团企业领导的意见，同时该企业的所有员工都需要遵守集团企业的人事管理规定。在投资完成后，目标企业的员工就成为投资者的人力资产。

在并购和控股性质的投资中，投资者需要确保目标企业在被收购或者控股之后，仍旧能够健康、稳定地继续经营。在完成投资后，投资者很有可能选择保留目标企业的管理层，让他们继续管理企业。因此，投资者在投资前对目标企业进行完善的人事尽职调查是很有必要的。

人事尽职调查的侧重点在于了解目标企业的人员情况，尤其是关键岗位员工的职责、职权、对企业的价值等。此外，投资者还要着重对管理层员工进行有针对性的分析，以了解他们在企业中的地位及作用。人事尽职调查的结果往往会以核心员工清单的方式呈现在投资文件中。投资者还可以在投资文件中以条款的形式明确核心员工的去留，并对留下来的核心员工后续的具体工作作出明确要求。

在非控股或者并购的投资中，投资者也会对目标企业人事情况进行尽职调查，但不会像控股或者并购投资中的人事尽职调查那么全面、完整、彻底。在一般的项目投资中，投资者只会对核心员工的劳动人事情况、薪酬及激励情况展开调查。并且在维持并稳固与核心员工的劳动关系之外，基本不会对目标企业提出更多的要求。

投资者需要根据项目尽职调查需求组建一个小组，一般来说，小组成员有项目负责人、行业专家、业务专家、营销专家、财务专家、法律专家等，他们共同完成尽职调查工作。

第二节　尽职调查渠道

从投资者的角度来看，开展尽职调查是预防投资风险的重要手段。

投资者可以借助书面资料、中介机构、网络查询、实地调查等渠道进行尽职调查。通过这些调查渠道，投资者能够打破交易双方在信息获取上的不平衡。

一、借助书面资料调查

投资者开展尽职调查，需要与目标企业相关负责人保持沟通，借助书面资料查清各种细节。在尽职调查中，投资者所需的书面资料需要是原件，如果没有原件或者原件缺失，投资者需要通过函证与查询的方式进行核实。在实际操作过程中，可能会出现目标企业对尽职调查要求不熟悉、不了解的情况，因此，尽职调查团队应当主动出击，要求目标企业全力配合。

例如，当需要企业出示安全生产许可证，而企业该项证明已经过期时，企业生产经营的合法性问题就值得商榷。尽职调查团队应当针对此问题要求企业出示具有证明作用的相关书面资料。

尽职调查团队可以借助书面资料开展尽职调查，并且在开展调查的过程中，必须保证书面资料的真实、可信、详尽，在收集材料时，尽职调查团队必须仔细核对。

二、借助中介机构调查

尽职调查团队可能在部分领域并不专业，此时，就需要专业的中介机构辅助调查。专业的中介机构能够为尽职调查团队提供宝贵的参考意见。在尽职调查过程中，尽职调查团队可以与中介机构积极沟通，使尽职调查的开展更加顺利。

例如，在中介机构帮助下，尽职调查团队能够明确目标企业是否存在未诉讼事项、是否存在发行人不遵守合同的情况、是否存在对外担保事项、是否存在违反税法情况、审计报告中是否有诉讼费等内容。

如果目标企业存在未诉讼事项，却不提供相关资料，而尽职调查团队也难以通过网络等方式进行查询时，专业中介机构的审计师就能够提供这一方面的帮助，其提供的审计报告可能涉及相关内容。

此外，中介机构的专业人员，如评估师、注册会计师、执业律师等，具备相关领域的专业知识，且对相关法律法规或产业政策更加了解，可以帮助尽职调查团队在最大程度上规避风险，提高尽职调查效率。

三、在网络上查询所需内容

在尽职调查中，网络查询能够起到重要作用，查询量比较大。通过在网络搜索相关信息，尽职调查团队能够了解目标企业是否被列为被执行人，目标企业的发展趋势、行业地位、经营年报等详细内容。

例如，关于未履行义务或不履行义务的被执行人，投资者可以登录全国法院被执行人信息查询系统、全国法院失信被执行人名单信息查询系统等网站，查询被执行人信息、履行情况、执行法院等具体情况。

关于企业的发展趋势与行业地位，投资者可以登录"巨潮资讯网"等网站进行查询，其中还包括企业的运行信息、财务指标、曾发布的公告等。关于企业经营年报相关的信息，投资者可以通过企业公开的官方网站进行查询。

四、到企业进行实地调查

事实上，部分企业可能存在实际情况与网络信息不一致的问题。通过到企业进行实地调查，尽职调查团队可以对目标企业有更加全面的认识。

例如，当对某企业的生产工厂开展尽职调查时，尽职调查团队需要对该工厂位于哪个省份、哪个市，工厂生产的产品、所用工艺、材料等问题进行实地考察，确认现场情况是否与证照一致。

厦门某企业曾通过技术手段伪造虚假的证照文件，而后，在该企业申请上市并即将发行股票时，该企业被举报存在造假情况。相关负责人员立马赶到厦门对该企业进行实地调查，发现该企业提供的证照文件都是伪造的。

在尽职调查的过程中，投资者到目标企业进行实地调查必不可少。投资者需要充分认识到实地调查的关键作用，避免后续合作中出现一些问题。

第三节　尽职调查常见纠纷

投资者进行尽职调查的过程，并不总是一帆风顺的。投资者与目标企业之间，有可能出现一些纠纷。常见的纠纷主要有：目标企业未如实提供资料产生的纠纷、因调查不严谨产生的纠纷、因过分夸大事实产生的纠纷。交易双方需要严格按照相关规定，进行尽职调查或信息披露，以便在解决纠纷的过程中掌握主动权。

一、目标企业未如实提供资料

在尽职调查过程中，目标企业需要全力配合投资者，如实提供材料，如实说明相关情况。在涉及法律纠纷时，目标企业如实提供材料可能会成为免责的依据。下面是一则有关在尽职调查中如实提供材料而免责的经典案例。

2015 年 10 月 27 日，曾某与甘肃××能数字科技有限公司（以下简称"甘肃×××公司"）签订股权转让协议，约定曾某将其持有的深圳市×××科技有限公司（以下简称"深圳×××公司"）70％股权以3 500 万元的价格转让给甘肃×××公司。双方约定协议生效后一个工作日内，甘肃×××公司委托中介机构对合营公司进行实地财务尽职调查。

双方还约定，若财务尽职调查报告显示企业的资产负债、内部控制、经营管理等真实状况与曾某事前所介绍的情况相差在合理范围内，股权转让协议将继续履行。否则，甘肃×××公司有权单方面终止该协议。

2015年12月2日，曾某将持有的深圳×××公司70%股权变更登记到甘肃×××公司名下，甘肃×××公司向曾某支付了1 200万元转让款，剩余2 300万元转让款未支付。

2015年10月31日，深圳某会计师事务所作出的财务尽职调查报告显示，深圳×××公司的注册资本为5 000万元，曾某实际出资1 601万元。

此后，甘肃×××公司以曾某向深圳×××出资不实为由拒绝支付剩余2 300万元，曾某提起诉讼。一审法院驳回了曾某的诉讼请求，最高人民法院最终支持了曾某的诉讼请求。

本案中，甘肃×××公司曾经对深圳×××公司进行财务尽职调查，并且在财务尽职报告中列明目标企业实收资本与注册资本不符。这是一项重要的证据，证明曾某曾经向甘肃×××公司如实披露其实际出资情况，而甘肃×××公司在知道或者应当知道该信息的情况下未提出异议。

从案件事实上看，曾某按照尽职调查的要求如实披露了其实际出资信息，并且按照当时深圳×××公司的章程，曾某的出资期限也未届满，因此法院支持了曾某要求甘肃×××公司支付2 300万元股权转让款及利息的请求。

在上述案件中，如果曾某没有如实披露其实际出资情况，最终的判决结果可能是驳回他的请求。由此我们可以得知，创业者在尽职调查过程中如实陈述和披露企业或股权相关的情况，在发生纠纷时将处于有利的地位。

二、调查不严谨

俗话说：隔行如隔山。每个行业都有自己的特点，虽然尽职调查的原理相同，但针对不同行业的企业进行尽职调查时，投资者需要注意的细节和重点是不一样的。如果尽职调查不严谨，投资者可能会在后续的合作中遭受损失。下面通过一个具体的案例进行详述。

2016年7月4日，王某光、王某峰、王某春作为甲方与乙方××林公司签订转让协议，协议中约定：甲方系××陵园公司的持股股东，甲方三人合计持有目标企业（××陵园公司）100％股权。目标企业注册资本3 000万元，其中王某光出资1 920万元，持有目标企业64％的股权；王某峰出资180万元，持有目标企业6％的股权；王某春出资900万元，持有目标企业30％的股权。甲方将目标企业的股权及资产，全部转让给乙方。

双方签署合同之后，按照合同的约定，××林公司支付了500万元定金，并完成第一阶段的交割及股权转让。

双方签订协议后5个工作日内，双方完成股权过户准备，乙方将第一笔股权转让款8 100万元支付给甲方的王某春，同时王某春将30％的股权转让给乙方，转让后，公章由甲方的王某峰指派专人管理。遇对外融资、贷款、抵押、担保、捐赠事项及损害股东利益的事项，须请示甲方的王某峰，其余事项均可以无条件加盖使用公章。甲方将所有证照、行政文件及财务资料移交乙方。

此后双方未能够按照原协议的约定继续履行合同，王某光起诉××林公司违约，主张利息及违约金合计将近6 500万元。

本案中的××陵园公司是一家提供墓地等丧葬服务的公司，而××林公司则是一家文化公司，其经营范围是：组织文化艺术交流活动；资产管理；投资管理；文艺创作；舞蹈培训；声乐培训；计算机技术培训；销售工艺品。

从表面上看，两家公司是完全不同领域的公司，可细查之后发现××林公司的股东是北京盛×房地产开发有限公司（以下简称"盛×房地产公司"）。而盛×房地产公司和××陵园公司经营过程中最重要的资产都是土地，在某种程度上处于一个行业。

××林公司在诉讼中称，甲方向其提供了虚假的材料，××陵园公司占地范围内没有实际发生拆迁补偿的事实，违背转让协议约定的甲方确保提供的一切证照和资料真实的义务；签署转让协议之前仅看过××陵园公司证照、资质，看到土地登记在××陵园公司名下，没有进行过专业调查，基于信任签订协议。后来，××林公司发现甲方提供的财务资料存在问题，没有缴纳土地出让金等凭证，土地来源不清晰。

××林公司明确表示没有进行过专业调查就签署了转让协议，本案所涉交易总金额 2.7 亿元。××林公司收购××陵园公司的目的是获得陵园的土地，可土地竟然存在出让金未缴纳、来源不清晰的问题。如果事实真的如此，那么本次交易的目的将无法实现。而对于如此重大的事项，××林公司应当在尽职调查阶段有详细的了解。从尽职调查的流程上看，问题应该出在法律尽职调查和财务尽职调查两个环节。

鉴于此次转让前没有进行非常专业的尽职调查，因此，××陵园公司及甲方应当依据转让协议的约定向××林公司提供相关的文件，而××陵园公司并没有将土地转让金相关的凭证等文件交付给××林公司。

也就是说，此前××林进行的非专业尽职调查没有发现问题，只在协议中约定需要交付相关文件，但没有约定这些文件缺失或者土地权属不清、转让金未支付完毕相对应的违约责任。

而根据双方履行合同的情况，已经完成第一阶段的交割，转让30％的股权及移交协议中约定的文件。据此，一审法院认定，甲方及××陵园公司并不存在提供虚假材料、虚假陈述的问题。

最终法院判决××林公司于判决生效之日起 10 日内向王某光支付违约金 1 080 万元，认定双方已达成不再履行转让协议的合意。

在此案中，××林公司构成违约，其主张王某光、××陵园公司提供虚假材料的主张未得到法院的支持。法院判定转让协议不再继续履行，意味着××林公司需要继续持有××陵园公司30％的股权，这在未来可能会导致××陵园公司各个股东之间产生新的纠纷。

三、过分夸大事实引发法律后果

被投资方或者股权转让方，都希望自身企业能够以尽可能高的价格出售，基本上都会对企业的发展情况稍作修饰。这本无可厚非，但若脱离实际情况过分夸大事实，被投资方或股权转让方可能需要负相应的法律责任。以下是一个相关案例。

南京××狼网络科技有限公司（以下简称"××狼公司"）成立于2015年8月10日，法定代表人为张某，注册资本50万元，认缴出资50万元，实缴出资0元，该公司于2017年6月13日注销。

2016年3月9日，黄某（甲方）与张某（乙方）签订股权代持协议，就甲方对××狼公司进行股权收购并委托乙方代为持股有关事宜达成协议。

协议第一条约定：按照双方议定估值，甲方出资收购乙方名下部分股权，但为了公司运营以及股权架构清晰、单一化，该部分股权不做对应登记变更，仍置于乙方名下，由甲方委托乙方代持。协议第二条约定：甲方按照双方议定估值，出资200万元认购乙方名下总股权2％的股权份额，并享有对应股东权利，且该款项用于公司运营，被收购的股权均由乙方代持。

2016年3月9日，黄某通过其父亲黄某平向张某汇款200万元。张某亦于同日出具收到黄某200万元的收据。此后，××狼公司倒闭，双方因为股权转让事宜发生纠纷，黄某起诉张某要求返还股权转让款项。

黄某于2016年2月末经张某罗介绍认识张某，而后，黄某及其父亲去张某的公司实地考察了项目。当时张某声称公司有超过 5 万的会员，前景良好。黄某在 2016 年 3 月 9 日和张某达成了投资购买股权相关事宜。后来公司倒闭，在进行资产分割时，他才发现张某之前过分夸大了公司的发展现状。

在本案中，作为投资者的黄某认购张某名下的股权，而股权继续由张某代持，这便是一个明显的圈套。如果黄某有专业的尽职调查人员为其出谋划策，那么在进行股权转让之前就能看出问题所在。本案的交易方式是股权转让而不是增资扩股，股权转让后投资者的资金进入了创业者的口袋，创业者成功套现，获得收益。

一审法院认为，张某对××狼公司的情况夸大其词，所宣称的品牌、估值、市场规模等均无依据，存在欺诈行为。且认定本案中的合同属于一方以欺诈、胁迫的手段或乘人之危，使对方在违背真实意思的情况下订立的合同，受损害方有权请求人民法院变更或撤销。在后续的审判中，二审法院维持了一审法院的认定。

本案中的黄某是不幸的，也是幸运的，不幸的是他遭受欺诈，但幸运的是他通过法律手段追回了已经投资的 200 万元。

这个案例能够给我们带来两个启示：

其一，投资是一件专业的事情，尽职调查需要由专业人士完成；

其二，目标企业或者转让方股东，对公司业务的适当修饰是可以的，可是毫无依据地信口开河，有朝一日终会露出马脚、引火烧身。

投资者在进行投资时，一定要慎之又慎，如果自己无法对目标企业的真实情况作出准确判断，可聘请专业人员进行尽职调查。在对目标企业的实际情况进行核查时，投资者不要被其广阔的发展前景蒙蔽了双眼，一定要理智地评估目标企业的现状。

第八章

股权架构搭建

股权架构的搭建，是企业获得成功的重要基础与保障。不合理的股权架构，将对企业未来的发展产生极大的消极影响。本章将从 VIE 架构、AB 股架构、混合型架构、有限合伙架构 4 种股权架构入手，为创业者搭建股权架构提供参考。

第一节　VIE 架构

VIE 架构（Variable Interest Entities，可变利益实体），又称协议控制架构，指的是通过签订各种协议来实现对实际运营企业的控制与财务的合并，而非通过股权控制实际运营公司。当前，VIE 架构主要被用于我国企业的海外上市与融资，以及海外投资者对国内企业的投资。

互联网产品"出海"已经不是新鲜的事情，在外国做生意自然也要遵守当地的法律、法规、政策，这是所有外贸都需要明白的问题。

为了保护国家经济安全和国内企业，所有国家都会尽力避免涉及国家经济命脉的行业落入境外资本的控制之中。我国的互联网行业在很长一段时间内，都限制外商投资。

VIE 架构，就是解决因限制或者禁止外商投资，而导致外商无法直接持有互联网公司股权及未来公司上市之后通过二级市场出售股票获利的一系列问题。

第二节　AB 股架构

AB 股架构指的是同一企业会在市场上发行两种不同的股票，其中一种股票附带如股本价值、投票权等权益，与另一级别股票相较更优。这种股权架构形式，能够对部分股东，特别是企业创始人对企业的控制权起到保护作用。

一、股权"武器"——AB 股架构

AB 股架构受到许多高科技创新型企业的青睐。AB 股架构不仅能够方便财务方面工作的开展，还能够在创始人所持股份降低到个位数时，确保其仍旧能够在股东大会拥有绝大多数投票权，在董事会保留席位。

AB 股架构是创始人成为小股东时对抗资本大股东的有效"武器"。股东之间权利、义务是否对等，不是很容易衡量。阿里巴巴、腾讯等行业巨头在一开始时都只是小公司，这些小公司从几个人、十几个人，最后发展为数一数二的互联网企业，其中究竟是创始人的贡献更大还是资本的贡献更大？这很难一概而论。

在创业初期，尤其是公司没能实现盈利时，资本的贡献应该是更大一些的，毕竟没有资本的"输血"，公司就要关门大吉。当公司实现盈利并且已经走上康庄大道时，资本的价值、贡献就开始逐渐变小。因此，要评估创始人和资本究竟谁对公司的贡献更大，是一个复杂的问题。

资本和公开市场购买股票的股东很关心股价，因为股价高了他们就能够获利更多。为了追求高股价，可能会出现一系列有意思的短视操作，例如，使用一些表面上符合规则的财务手段做账，让公司的财务报表看起来更加健康、盈利更高。

如果按照同股同权的方式，资本就很容易控制公司，让创始人做一些可能不利于公司长久运营的事情，这是大多数创始人不愿意看到的。当然，创始人违规的事情也屡见不鲜，但是综合来看，AB 股架构仍旧是一种更加理性、符合市场规律和经济规律的股权架构设计。

二、AB 股架构有什么特点

企业上市之前一般会经过天使轮、A 轮、B 轮、C 轮融资，融资会稀释 15%～20%的股权。经过无比艰难的发展阶段，终于成功实现上市时，创始人（含团队）可能只有不到 30%的股权。

如果实行同股同权，不用等到企业上市，创始人可能就已经对企业不再拥有任何控制权。因此，采取 AB 股的方式显然是符合创始人利益的，也是能够让企业长久运营的有效方式。

许多知名企业，都实行了 AB 股架构。AB 股架构实际上就是将公司的股份分成不同级别，具体特点如图 8-1 所示。

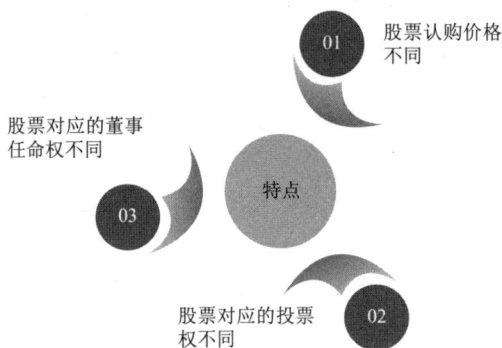

图 8-1　AB 股架构的特点

1. 股票认购价格不同

创始人可以平价认购公司股票，而投资者需要溢价认购股票，这是"有钱的出钱，有力的出力"这一朴素观念在公司发展中的具体体现。

创始人可以用劳动力和智慧出资，而那些不出力、不需要为了公司发展辛苦工作的投资者则需要多出资金。

2. 股票对应的投票权不同

创始人持有的普通股享有的投票权往往是投资者或公众持有的普通股的数倍到数十倍。例如，雷军持有的 1 股小米 A 类股享有 10 个投票权，刘强东持有的 1 股京东 B 类股有 20 个投票权，某企业创始人持有的 1 股 B 类股有 70 个投票权。

这就是绝大多数上市企业创始人在经过若干次股权稀释之后，仅持有 20％不到的股权，仍旧能够在股东大会掌握超过 80％投票权的原因。

从表面上看，这是一种不公平的安排，可是这种不公平也有其内在的逻辑。毕竟创始人实际参与企业的经营，对于企业的情况和市场的情况相较于大多数投资者要清楚得多，创始人拥有更多的控制权更加有利于企业的健康发展。

3. 股票对应的董事任命权不同

投资者虽然通过真金白银购买了企业股票，但这些股票对应的权利是被限制的，最典型的是缺失董事任命权。在引进投资时，创始人会明确告知投资者其购买的股票不享有董事任命权或者选举董事的权利。通过这种方式，创始人能够牢牢掌握董事会的绝大多数席位。

三、解读京东的 AB 股架构

2020 年 6 月 8 日，京东在港股回归上市。然而，在上市的敲钟仪式上，敲钟人并非京东的创始人刘强东，而是时任京东零售 CEO 的徐雷。这难免会引起外界猜测刘强东是否还是京东的实际控制人。

但是，京东公开的资料显示，刘强东虽然仅持有京东 15.1％的股权，却拥有 78.4％的投票权，所以刘强东仍然为京东的实际控制人。刘强东以较少股权控制高达 78.4％的投票权的关键，就在于京东的 AB

股股权架构。

京东的股权制度与章程中，将普通股分为 A、B 两类，每 1 股 A 类股票拥有 1 票投票权，每 1 股 B 类股票拥有 20 票投票权，刘强东持有的是 B 类股票。因此，即使京东在发展过程中不断融资，刘强东的持股比例随着融资历程而不断降低，但凭借占据绝对优势地位的投票权，刘强东依然是京东的实际掌舵人。

以控制投票权的方式，刘强东牢牢把握住京东的控制权，这是在 AB 股股权架构模式下才能够实现的。在接受腾讯等巨头的投资的过程中，京东仅给予对方相应的股权份额，并未让渡较多投票权，这也保障了刘强东对京东的控制权。

在享有高比重投票权的同时，B 类股票也存在一定限制。例如，刘强东持有的 B 类股票不能在市场上交易。若刘强东将其持有的股票转让给他人，其持有的 B 类股票将自动变为 A 类股票。此外，当刘强东卸任京东董事兼 CEO 时，其持有的 B 类股票将转换为等额 A 类股票。

第二节　有限合伙架构

有限合伙形式的股权架构，是企业创始人并不直接持有核心企业股权，而是以有限合伙持股平台进行持股的股权架构类型。这一股权架构方式，使合伙企业的股权调整能够更加灵活，且不会影响到主体企业的股份与经营变化。

一、有限合伙架构的两种模式

有限合伙股权架构，是股东以合伙企业为持股平台，对目标公司进行间接持股的一种股权架构模式。有限合伙股权架构存在初级与成熟两种模式。

有限合伙股权架构的初级模式，如图 8-2 所示。

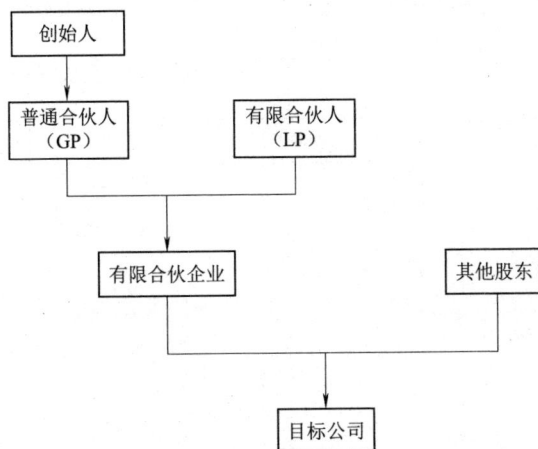

图 8-2　有限合伙股权架构的初级模式

在有限合伙股权架构的初级模式中，创始人能够以 GP 身份与财务投资者、企业高管等 LP 进行合作，共同创立有限合伙企业，通过有限合伙企业对目标公司进行间接持股。在这种合作模式下，由于创始人对该有限合伙企业承担无限连带责任，因此需要承担较大的风险。

创始人需要综合考量企业的人员配置与持股风险，对有限合伙股权架构的初级模式进行升级，形成有限合伙股权架构的成熟模式，如图 8-3所示。

在有限合伙股权架构的成熟模式中，首先，创始人需要创立一个持股比例为 100％的一人有限责任公司。其次，以一人有限责任公司为 GP、目标公司员工为 LP，成立一个有限合伙企业 A；再以一人有限责任公司为 GP、目标公司投资人为 LP，创立有限合伙企业 B；最后，通过有限合伙企业，实现对目标公司的间接控制。

与有限合伙股权架构的初级模式相比，成熟模式的优势更为明显。一方面，在这一模式中，一旦出现财务风险，创始人仅需以出资额为限承担有限责任，无须承担无限连带责任；另一方面，有限合伙企业行使目标公司的投票权，而有限合伙企业的投票权则由 GP 决定。因此，创始人能够更好地实现对目标公司的控制。

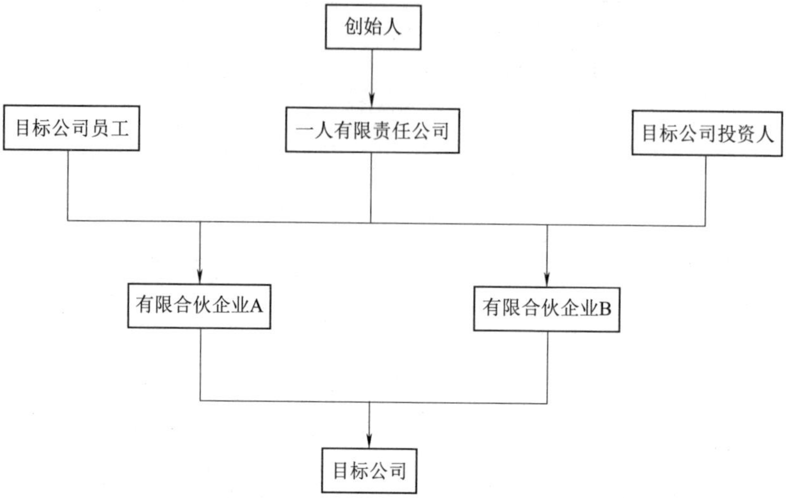

```
                    ┌──────────┐
                    │  创始人   │
                    └────┬─────┘
                         │
┌──────────┐    ┌────────┴────────┐    ┌──────────┐
│目标公司员工│    │ 一人有限责任公司 │    │目标公司投资人│
└────┬─────┘    └────────┬────────┘    └────┬─────┘
     │                   │                  │
     └───────┐   ┌───────┴──────┐   ┌───────┘
             │   │              │   │
        ┌────┴───┴────┐    ┌────┴───┴────┐
        │ 有限合伙企业A │    │ 有限合伙企业B │
        └──────┬──────┘    └──────┬──────┘
               │                  │
               └────────┬─────────┘
                        │
                  ┌─────┴─────┐
                  │  目标公司  │
                  └───────────┘
```

图 8-3　有限合伙股权架构的成熟模式

二、合伙人加入时的股权方案

在企业发展过程中，合伙人发生变动十分常见。对于中途加入团队的合伙人，创始人需要对其进行一段时间的考察，才能确认新合伙人是否具有可信度，以及能否陪伴企业共同发展。为了最大程度上规避可能出现的纠纷，在完成考察之前，创始人应当尽量避免将股权登记于新合伙人名下，否则可能会给企业以及自身带来许多不必要的麻烦。

如果创始人直接给予新合伙人无限制股权，那么后期发生纠纷时，回收股权就会十分困难，这也将对企业更进一步的发展造成实质性影响。

因此，在新合伙人加入时，创始人可以采取如下措施，规避上述情况。

1. 在回购问题解决后再进行工商登记

暂时不进行工商登记的好处在于，创始人无须为新合伙人中途退出可能导致的问题而担忧，也不会影响到企业的日常经营与其他融资计划。

但这种方法也存在一定弊端，例如，部分新合伙人可能会因此觉得企业缺少诚意。若新合伙人出资后不能及时获取股权，就会降低对企业以及创始人的信任度，也很难具有主人翁意识，不会为企业发展尽心尽力。

故而创始人需要仔细权衡股权登记的利弊，谨慎选择股权登记的时机，尽力规避风险，同时充分调动新合伙人的积极性。

2. 将股权放在一家持股平台企业

例如，成立一家能够作为持股平台的企业 A，使企业 A 持有目标企业的股权，成为目标企业的股东，新合伙人则可以通过企业 A 间接持股。如此，当目标企业进行资本化运作时，仅须企业 A 盖章批准，无须新合伙人签字。

对于新合伙人来说，虽然仅是通过企业 A 对目标企业进行间接持股，但其也能够享有目标企业上市所带来的各项权益。

3. 签署正式的股权协议

在新合伙人加入时，若企业创始人没有与其签署正式的股权协议，在后期出现纠纷时，为了维护自身权益，难免会出现企业创始人与合伙人各执一词的局面。没有签署正式协议，双方的说辞就都没有明确证据，矛盾就难以调和。

合作需要基于诚信才能更好地开展，在双方友好协商的前提下，签署正式的股权协议，在协议中厘清双方的权利与义务，是维护企业创始人与新合伙人权益的重要保障，也是出现纠纷时解决矛盾的关键依据。

三、弹性的股权分配和调整机制

企业创立之初，合伙人之间往往是同事、朋友、家人等较为亲密的关系，这容易导致合伙人之间出现"平均主义"，即股权分配较为平均。

"平均主义"是创业企业发展初期的常态，也是一种必然选择。因为只有对股权进行平均分配，合伙人才能齐心协力，共同推动企业发展。否则，若股权分配不均衡，合伙人之间就可能出现嫌隙，最终导致合作关系分崩离析，甚至创业失败。

随着企业不断发展，企业规模逐渐壮大，不同合伙人对企业的重要性不同，对企业的付出多少也不同。因此企业内部需要建立弹性的股权分配与调整机制，以满足在企业不同发展阶段，各位合伙人对股权的不同要求。

1. 在创始团队内部实行同股不同权

通过签署同股不同权的协议，合伙人之间能够约定好如何行使相关权利，并预先设置好解决内部分歧的机制，用以解决冲突，使合伙人能够始终保持团结一致。

2. 在恰当的时候启动股权调整机制

在创业初期，以平均主义原则对股权进行划分较为合理。但随着企业的发展，可能会出现部分合伙人的贡献与能力不符合企业发展的节奏，对企业没有实质性的贡献的情况。此时，就需要及时对各位合伙人的持股情况进行调整，这样各位合伙人才能更乐于为企业发展贡献力量。对于合伙人来说，这也是一种股权激励机制。

启动股权调整机制，需要创业者进行合理、审慎的评估。创业者需要根据项目的具体情况，预设调整的比例、时间与条件，充分保证各位合伙人的权益。

由于对企业发展的贡献有时很难进行精细、科学的量化，因此，创业者与各位合伙人在创业初期，就要做好股权调整相关问题的沟通，避免产生不必要的纠纷。

3. 合伙人的退出机制

事实上，在市场中，创业者数量众多，然而成功的并不多，创业失败反而是一种常态。在众多导致创业失败的原因中，合伙人之间的矛盾，是除资金链断裂以外的最大原因。

因此，创业者必须充分重视与合伙人建立友好关系，提前准备好出现问题时的解决预案。其中，就包括合伙人退出机制及其相关制度的完善。合伙人之间要通过反复协商，敲定相关方案，并以正式文件的形式将其留存下来，为解决矛盾提供依据。

第四节 混合型架构

混合型股权架构指的是企业在搭建股权架构的过程中，融合了多种股权架构的优势，其搭建起来比较复杂。在实际发展过程中，许多企业进入扩张阶段时，为了满足控股、股权激励、融资等多方面目标，都会采用混合型股权架构。

一、经典的混合型股权架构图

混合型股权架构是多种股权架构的融合，混合型股权架构如图 8-4 所示。

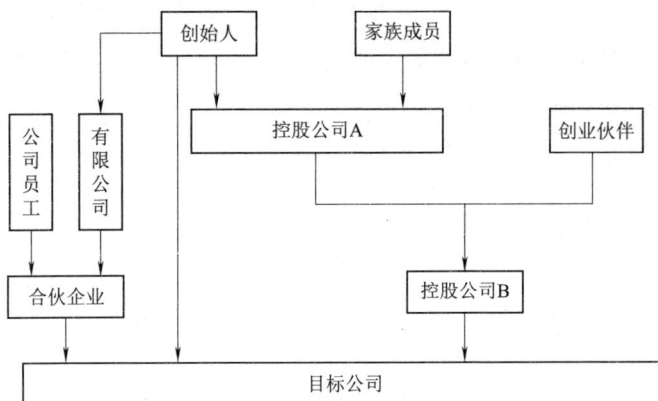

图 8-4　混合型股权架构

上图所示的混合型股权架构融合了控股型股权架构与有限合伙股权架构两种模式。控股型股权架构指的是企业创始人及其合伙人共同创办控股公司，通过控股公司管理不同业务领域，进行多公司投资的股权架构模式。

混合型股权架构展现出创始人持有目标公司股权的三种方法：第一种方法是创始人直接持股，即创始人作为自然人直接持有目标公司的股权；第二种方法是创始人成立个人控股有限公司，再与公司员工共同成立合伙企业，之后通过合伙企业间接持有目标公司的股权；第三种是创始人与家族成员共同成立控股公司 A，控股公司 A 与创业伙伴共同成立新的控股公司 B，最终通过控股公司 B 持有目标公司股权。

在这种混合型股权架构模式下，虽然从表面来看，目标公司的股权被分成了许多份，但事实上，创始人依旧是企业的实际控制人。

这种混合型股权架构不仅能够满足创始人对目标公司的控制需求，还能预留出充足的空间进行股权杠杆操作。通过完善的多层级控制链，创始人能够以极小的投入撬动大量外部资金，最终实现以小博大。并且，在企业发展的中后期，混合型股权架构模式还有利于推动员工期权激励的开展。

不同角色的股东，在不同的时期，对企业有着不同的需求，若股权架构过于单一，则难以满足股东的动态需求。因此，并不是创业之初就需要着手搭建混合型股权架构，而是随着企业不断发展，业务经营种类不断增加，参股股东数量、种类越来越多，为了实现各方股权的平衡，并集中企业控制权，创始人需要逐渐完善企业的股权架构，构建起完善的混合型股权架构，以适应企业的发展与变化。

二、混合型架构的优势

混合型股权架构是企业在长期发展的过程中，不断完善、逐步形成的综合性股权架构，它是有限合伙股权架构、控股型股权架构、自然人股权架构（自然人直接持股）的有机结合。

理论上，股东能够以这三种架构同时持股，但是在实际的运作过程中，股东需要根据自身持股目的的不同，对持股方式进行有侧重性的选择。

例如，若投资者的持股目的是长期持股，那么就可以选择以控股公司作为持股平台进行持股；若投资者的持股目的为股权转让，那么就可以选择以有限合伙企业作为持股平台进行持股，并进行合理的税收筹划。在混合型股权架构中，处于不同位置的股东，将会享受不同的税收优惠，同时也需要承担不同的义务。

对于股东及企业来说，混合型股权架构有许多优势。

首先，从法律风险这一角度来看，混合型股权架构丰富了股东的持股选择，但并未增加股东的持股风险或带来严重法律后果。在实际操作过程中，混合型股权架构中的控股型股权架构、有限合伙股权架构、自然人股权架构，与同类别独立股权架构相比，在法律上的风险并没有太大区别。

其次，从管理角度出发，混合型股权架构一方面能够满足不同股东的不同需求，另一方面能够保证创始人始终把握对目标企业的控制权。

最后，单一的控股型股权架构、有限合伙架构、自然人股权架构，都无法满足不同股东对企业的不同需求。只有在符合实际情况的基础上，将这些股权架构进行有机融合，搭建起完善的混合型股权架构，才能够充分发挥股权架构的优势，满足股东的多样化需求。

换言之，混合型股权架构的优势就是这三种股权架构的优势的融合，其适用范围覆盖企业发展的整个过程。

三、家族式企业的混合型架构

家族式企业的混合型股权架构，是混合型股权架构的典型代表。下面以 A 公司为例，对这一架构进行深入分析。

A公司是一家行业内十分知名的家族式企业，由陈氏兄弟联手创立。自成立后，A公司经历了20余年的发展，于2021年通过了IPO审核，并于2022年正式上市。在进行IPO申报时，A公司的股权架构是复杂的混合型股权架构，如图8-5所示。

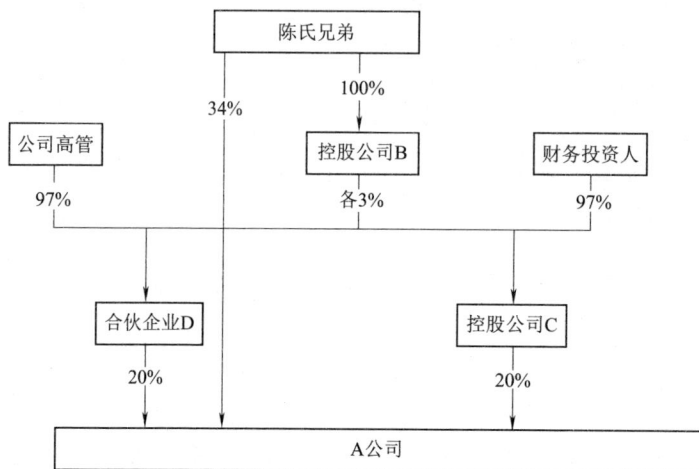

图8-5　A公司上市前夕部分股权架构图

由于陈氏兄弟二人的力量较为薄弱，所以仅凭兄弟二人的努力，难以使公司获得更进一步的发展。因此，A公司引入了控股公司与限合伙企业作为持股平台，吸引众多投资者投资，逐渐形成复杂的混合型股权架构。

这一混合型股权架构还能够满足陈氏兄弟分股不分权的需求。在此基础上，他们将引进的资金投入业务经营以及新产品的研发与生产等关键环节中，以推动企业进一步发展。

1. 陈氏兄弟多种方式持股

作为A公司的创始人，陈氏兄弟是企业的灵魂与核心人物。自公司成立开始，他们二人便享有相同的股权份额。随着企业不断发展，他们成立了控股公司B，将部分直接持股的股权转换为间接持股，通过多种方式持股，使企业的控制权始终掌握在他们二人手中。

陈氏兄弟手中，共计持有 A 公司 34％的股权。这部分股权，为陈氏兄弟未来进行股权调整，以及对企业控制权比例的调整预留了空间，能够更好地实现分股不分权。

2. 控股公司 C 作为投资者持股平台

企业的发展离不开资金的支撑与保障，要想实现企业规模的扩大，在市场竞争中脱颖而出，那么企业就需要为广大普通投资者提供相应的投资平台。陈氏兄弟创立控股公司 C，为投资者提供一个持股平台。通过控股公司 C，投资者能够间接持有 A 公司的股权，并享受到相应的股息分红。

3. 合伙企业 D 作为员工持股平台

完善的期权激励制度是企业发展到一定阶段的"标配"，期权激励能够更好地激励员工努力工作，进一步推动企业发展，实现良性循环。

为了对企业高管进行激励，A 公司创立了合伙企业 D 作为员工持股平台。企业高管可以通过合伙企业 D 对 A 公司进行持股，一方面能够享受股权激励的分红，另一方面也不影响陈氏兄弟对企业的控制权。

作为典型的家族式企业，A 公司的混合型股权架构具有极高的参考价值。该架构针对不同需求的股东，作出了具有针对性的股权设计，为其他处于相同发展状况的企业进行股权架构设计提供了思路参考。

第九章

创投关系博弈论

创投关系，顾名思义，即创业者与投资者之间的关系。在企业投融资过程中，创投关系的平衡与博弈，十分重要。本章将从创业失败的案例、影响创投关系的不稳定因素以及投资者退出的相关问题三方面展开，详解创业者与投资者之间的博弈问题。

第一节　被动的创业者

在创投关系中，创业者，尤其是刚开始创业、经验薄弱的创业者，可能会陷入较为被动的地位。本节将展示三个创业失败的案例，为那些还未开始创业或处于创业初期的创业者提供经验教训。

一、从融资 6 000 万元到欠债 4 000 万元

创业者袁某伟，原是一名旅游行业从业者，从 2012 年起，他开始关注互联网创业领域。他打造了"××行"网络平台，并于 2013 年成立了北京××伟邦科技有限公司（以下简称"××公司"）。2013—2015 年，袁某伟凭借"××行"先后获得近 6 000 万元投资，是风光无限的"明星创业者"。

然而，2015 年底，"××行"未能获得新的融资，企业无以为继、举步维艰，最终无奈倒闭。在企业倒闭后，袁某伟身上仍背负 4 000 多

万元欠款。雪上加霜的是，北京航×管理咨询有限公司（以下简称"航×公司"）发起仲裁要求袁某伟偿还投资款，并且，在该仲裁案件中，袁某伟败诉。

2014 年 10 月，航×公司以 2 981 万元认购××行公司新增注册资金 43.669 3 万元。这表明，当时××行公司的估值很高，航×公司购买其股权时，需要溢价将近 70 倍。

航×公司与××行公司签订的投资协议包含以下内容：××行公司单笔支出超过 50 万元，需要经过航×公司同意；××行公司设立子公司、转让子公司股权需要经过航×公司同意。

面对此类条款，缺乏经验的创业者基本上都会毫不迟疑地签署，认为其属于投资协议的常规、必备条款。事实上，"超过 50 万元的支出需要投资者同意"的条款是一个要点，并且是一个很多创业者都无法识别的要点。

对于不同企业来说，这一条款的影响程度不同，需要具体情况具体分析。在确定需要投资者同意的单笔支出的数额前，创业者需要评估这种支出是否经常发生。如果企业每个月都有几笔单笔收入超过 50 万元的业务，且和投资者签署了此条款，那么就相当于投资者对企业的日常经营有了决策权。如果企业一年都不会有几笔超过 50 万元的业务，那么影响就不会太大。

从上述情况看，这一条款就暗含了创业者与投资者如何分配企业的日常经营权的问题。原则上，投资者不应当参与企业的日常经营，除非是影响到企业的重大利益的重大决策。因此，"超过 50 万元的支出需要投资者同意"的条款是一个要点。

在签署投资条款时，一般投资者只是按照常规去判断哪些属于可以干涉的企业的重大经营事项，哪些是企业的日常经营事项，然而，仍有部分投资者为了获取更多权益，会设置许多暗含要点的条款来保障自身利益。因此，创业者需要审慎评估单笔支出需要投资者同意的具体数额，并且要严格遵守相关的规定，否则就会出现实质违约。

在××行公司与航×公司的投资协议中，可能还存在如下回购条款：如果××行公司违反合同约定或出现重大违约，则××行公司实际控制人需要回购航×公司的股权，回购价格为：投资总额＋每年10％的利率。

回购条款，也称赎回条款，在本案中的回购条款，针对的是实际经营企业的股东（创业者）违反合同约定或出现重大违约现象，具体可以体现为违反忠诚义务和勤勉义务，其主要表现为：滥用资金、工作失职、投资失当等。这反映在企业业绩上就是企业出现连年亏损现象。

2015年11月，××行公司宣布倒闭。此处的宣布倒闭，并不是法律意义上的倒闭，而是对外界表明企业无法正常运转，已经遣散员工并停止营业。按照常规的做法，对于创业者而言，如果创业项目失败、企业已经无法继续运营，创业者需要和投资者协商沟通注销公司的相关事宜，并且形成书面文件。而本案中，袁某伟并没有真正注销公司。这也为以后××行公司与航×公司的纠纷埋下"导火索"。

2018年8月27日，航×公司申请仲裁，主张××行公司存在重大违约，要求袁某伟回购股权。

最终仲裁委员会的裁定是：××行公司赎回申请人（航×公司）在××行公司的全部股权，向申请人支付原认购价款2 981万元及利息1 047.155 8万元，并继续向申请人支付自2018年8月28日起至实际付清全部回购价款之日止，以2 981万元为基数，按照每年10％的标准计算的利息。此外，袁某伟需要承担连带责任。

在上述案件中，有两个细节问题值得我们注意：

1. 投资协议中的投资者权利条款可能成为创业者的"紧箍咒"

这个"紧箍咒"主要体现在投资者可以借此参与企业的日常经营，如回购权条款。本案中，由于一些特殊原因导致回购权条款启动，最终使得创业者承受了巨大的债务负担。

2. 协议中的投资者权利条款属于积极股东条款

在实践中，很多投资者可能会给创业者提供建议，但不参与实际经营。但对于战略投资者而言，其往往和创业者开展的是同一个细分领域的业务，他们进行投资寻求的是协同效应或者寻找下一个风口。同此类投资者签署协议时，创业者需要审慎对待投资者介入公司日常经营相关的条款，例如，本案中单笔支出达到一定限额需要经过投资者同意的条款。

二、被投资者赶出公司，又反赔 3 800 万元

创投关系并非总是稳固的，有许多投资者与创业者合作关系破裂、不欢而散的案例。杭州×龙网络技术有限公司（以下简称"×龙公司"）创始人郭某，就遭遇了被投资者赶出公司的事情。

创业者郭某于 2009 年成立了杭州×龙网络技术有限公司，公司的主要业务是以客户端的运营作为交换，免费为运营商、高校提供宽带研发系统。郭某前公司的领导于某远，十分看好×龙公司业务模式的发展前景，于是对其投资了 50 万元。而郭某感念前领导的信任，慷慨地将股权划分为：郭某 45%，于某远 45%，核心团队 10%。

然而，从后续发展情况来看，于某远并不是一个优质的合伙人。事实上，这种只提供少量启动资本，不参与公司实际经营，对公司发展并无重大帮助的股东，不应当享有这么高的股权。作为一个经验不足的创业者，在股权的规划上，郭某交了昂贵的学费。

2014 年 7 月，经于某远介绍，郭某同意杭州×发创业投资合伙企业（有限合伙）（以下简称"杭州×发"）投资×龙公司。此时，正值移动互联网的发展高峰期，市场前景一片大好。杭州×发投资 1 300 万元获得×龙 10% 的股权，同时以 1 300 万元分别从郭某、于某远处购买合计 10% 的股权。此时，×龙公司的股权架构为：郭某 36.5%，于某远 33%，杭州×发 20%。

在郭某、于某远和杭州×发签订的投资协议中，有三个保护投资者权益的条款。

（1）上市对赌条款：如果在 2017 年 12 月 31 日前，×龙公司未上市，郭某和于某远需要回购杭州×发的股权；

（2）重大事务决策权条款：公司的重大事务需要经过投资者同意，包括公司的经营策略、计划、投资及股权变更等；

（3）限售权条款：创业者想要转让股权，必须经过投资者同意。

从股权架构看，此时郭某已经不是公司的绝对控股股东。而于某远和杭州×发的负责人是多年的同学，股权总计超过 50%。再加上投资协议赋予杭州×发的重大事项决策权，杭州×发已经成为×龙公司的实际控制人。

2014 年 5 月，郭某和于某远产生重大的经营分歧。于某远提出要进军互联网金融领域并要求将公司一半的员工带走，而郭某虽然支持开展互联网金融业务，但只同意给予流量支持，而不同意于某远带走员工。随后，杭州×发侵占×龙公司公章，从而控制公司的对外业务。郭某找到顺×科技希望其收购于某远的股权，但杭州×发行使限售权，否决了该交易。

此时，郭某仍旧认为问题出在他和于某远之间，其实杭州×发才是幕后推手。在×龙公司公章被杭州×发接管之后，所有的对外合作都需要经过杭州×发同意。实际上，杭州×发已经控制了×龙公司的日常经营，而郭某丧失了对公司的实际控制权和决策权。当杭州×发否决顺×科技受让于某远的股权后，郭某才明白自己所面对的形势。

2014 年 11 月 2 日，×龙公司董事会同意郭某辞去总经理一职，由于某远担任董事长及总经理。2015 年 8 月 31 日，郭某将其在×龙公司的全部股权转让给于某远。至此，郭某彻底退出了×龙公司。

2018 年末，杭州×发以×龙公司未在 2017 年上市为由起诉，要求郭某和于某远回购股权。杭州×发在诉讼中称：郭某并非遭遇排挤无奈离开×龙公司，而是不顾潜在责任，主动套现离开，后从事与×龙公司具有竞争关系的业务。

关于涉案纠纷，杭州市中级人民法院最终认定，协议约定的回购条件已经达成，杭州×发有权要求郭某、于某远依照协议约定履行其回购义务。

在上述案件中，我们需要注意以下几个细节问题：

1. ×龙公司股权架构中的不稳定因素

郭某在创业之初得到前上司于某远的支持，慷慨地给予其近一半的股权。此后，经于某远介绍接受其同学的投资。在经过一轮的投资之后，于某远和杭州×发的持股比例超过郭某。

此时的郭某，可能尚未意识到其中潜藏的风险。在公司章程中，可能并不存在郭某可以用来制衡另外两个股东的规定。而郭某与于某远之间的感情纽带，也并没有强大到足够支撑他们共担风险。这就是导致郭某后期失败最直接也是最重要的原因。

创业者在选择投资者时，不仅要考虑投资者所带来的资金、资源，还需要考虑投资者和现有股东之间是否存在情感联结，是否有可能影响到自己对公司的控制权。

2. 郭某忽视了投资协议中投资者享有的权利

大多数创业者不是法律专家，不重视投资协议可能引发的风险。如今，随着创业者专业化水平不断提高，创业者对投资协议的重视程度也有所提升。在投资之初，大部分投资者是看好创业者的，否则也不会作出投资的决定。但创业存在极大风险，创业者需要审慎评估协议中投资者权利相关的条款。

在现实中的绝大多数情况下，创业者处于弱势地位，没有谈判的空间，因此很难就投资协议的具体条款与投资者进行详谈。但是创业者需要清楚协议的内容，以便作出正确的选择，例如，拒绝投资或在接受投资前针对性地做一些准备。

当投资者权利条款触发时，创业者可以按照协议约定的程序和条件允许投资者享受权利，但尽可能保存一些免责的证据，甚至采取一些隔离风险的措施。

3. 郭某未妥善处理出售股权后的法律问题

郭某在被"扫地出门"或者已经完全转让其股权的情况下，未妥善处理投资协议中的回购权问题，轻信投资者的口头承诺，导致其陷入困境。当杭州×发要求郭某退出×龙公司时，郭某处于谈判的有利地位，掌握最好的谈判时机。

正所谓，术业有专攻。虽然创业者很难像法律工作者那样审慎周密地思考问题，但是需要了解一些最基本的法律概念和原理。在遇到问题时，尽早向专业人员寻求帮助，是处理纠纷的非常重要的方法。

三、企业顺利上市后无情被"踢"

王某东是"网络三剑客"之一，是中国第二代程序员的领军者。在他的带领下，新×成功上市。但后来，因为股权稀释问题，他被赶出董事会，黯淡离场。

1991 年，王某东还是方正公司的一员，凭借不懈努力，其成功打造出国内第一个实用化 Windows 3.0 中文环境。没过多久，他就离开了方正公司，自主创业，成立了一家企业推广"中文之星"汉字输入软件。"中文之星"开始盈利后，他和其他股东在管理策略和发展方向上产生了分歧。因为恶意斗争，他无奈退出公司，但是"中文之星"的源代码还留在原企业。

此次失败给王某东带来很大的打击，但是"中文之星"的成功，让他在科技界声名鹊起，并收到了×通首席工程师王某志抛来的橄榄枝。就这样，二人拿着一笔启动资金，创立了新×的前身——××利方信息技术有限公司（以下简称"××利方"）。

然而，随着企业的发展和产品研发工作的推进，王某东和王某志几乎用尽了全部资金，企业面临着严重的资金危机。在经历多次路演后，他们成功获得华×投资机构的投资，投资额为650万美元。××利方拿出10%的股权分配给管理层，但王某东提出不参与此次股权分配，结果他手里原本持有的20%的股权，被稀释到只剩下13%。

1998年10月，××利方与华×资讯股份有限公司分别以3 000万美元与2 000万美元的估值进行了合并。合并后，王某东将新公司取名为新×，由姜某年担任董事、王某东担任总裁。后来新×进行了两轮融资，导致王某东的股权被稀释得更少，仅剩不到6%。

与此同时，新×的估值迅速上涨，王某东的股权虽然比较少，但仍获得了高额收益，因此，王某东并未对股权稀释问题充分重视。经过不断发展，新×在互联网行业的翘楚地位逐渐稳定，于1999年开始筹划在纳斯达克上市的相关事宜。

在上市之初，新×的市值不断提升，然而好景不长，2001年，新×的股价跌到了1美元/股，市值也大幅缩水，这也成为王某东被赶出董事会的重要"导火索"。同年6月，董事会决定撤销王某东在新×的总裁职位，同时免去他的董事资格。至此，王某东彻底离开了新×。

作为企业最初的创始人，王某东最终却被无情地"踢"出董事会。从这一案例中，我们能够看出，作为一个管理者，除了要在业务和管理上具备敏感性外，还需要高度重视企业融资过程中的股权稀释问题。王某东遗憾退出企业的关键原因，就在于他没有重视自身掌握的股权，使自身股权一次又一次被稀释，最终难以逃脱被赶出董事会、无奈出局的宿命。

第二节 影响创投关系的不稳定因素

实际上，创投关系并不稳固，而影响创投关系的不稳定因素主要有：降价融资的反稀释条款、业绩对赌、上市承诺期及回购条款、领售权条款和优先清算权条款等。

一、降价融资的反稀释条款

融资必然涉及企业的估值，而企业估值的方法五花八门，但不管是哪一种方法都无法客观、科学地评估企业的价值。换言之，无法用会计的方法科学地计算出企业的价值。也许有一个看似可行的计算公式，但必定存在一些假设或者无法通过公开市场验证的数值。

尤其对处于发展早期的企业进行估值，具有较强的主观性，因为所能依据的可能只有几个人、几个想法和几页 PPT。有人曾提出一个观点：C 轮以前的估值一文不值。此观点包含两个层面的含义：

1. C 轮之前的企业估值有极大的随意性

例如，一家企业刚刚设立，只有一个创业团队和一个想法，此时，如何对企业进行估值？估值的主要依据是什么？

投资行业内曾有过这样的估值：通过人头法对企业进行估值，即对曾就职于 BAT（百度、阿里巴巴、腾讯）企业的普通员工，每个人按照 50 万元进行估值，级别高的员工，估值会相应提高。

还有很多初创企业的估值采用参照法，例如，某企业员工离职创业，寻求前公司的投资，前公司认可创业的方向也认可团队的能力，于是，将一个和初创企业业务类型相同的企业现在的估值作为参照，从而确定一个估值。

此外，还有一种随意性更强的估值方法：自估值。具体操作如下：

创业者成立 A 公司，注册资本为 900 万元，然后创业者再设立一家投资公司 B。B 公司向 A 公司投资 1 000 万元，取得 A 公司 10％的股权。此时，一家刚刚成立的公司的估值就达到了 1 亿元。

2. C 轮之前的企业股票缺乏流通性

创投圈有一个说法：C 轮"死"。曾经有人统计过，从 A 轮到 B 轮融资，约有 60％的企业会破产；而从 B 轮到 C 轮，又将有近 70％的企业失败。也就是说，从 A 轮到 C 轮，存活下来的企业不足 12％。

对于企业的估值，一般情况下创业者当然希望尽量高一点，而投资者则希望尽量和行业情况吻合。企业估值具有不确定性和不科学性，尤其随着行业的发展变化，风口项目对"踩点"的要求很高。在合适的时间紧抓风口，企业估值就可能高一些。

同时，随着市场的变化，业绩变动可能导致企业估值发生变化。而投资者只希望企业估值越来越高，为了鞭策创业者勤奋工作，就产生了降价融资的反稀释条款。在这个过程中，若一方处理不当，创业者与投资者之间的关系极有可能受到影响。

如果投资者增资时的股价高于后续的股价，创业者就需要补偿投资者，主要的补偿方式如下：

（1）补股权。例如，投资者 A 以 1 000 万元投资获取 C 公司 10％的股权，在 C 公司的下一轮融资中，投资者 B 以 500 万元获取 C 公司 10％的股权，那么创业者需要向投资者 A 无偿转让 10％的股权。

（2）补现金。例如，投资者 A 以 1 000 万元投资获取 C 公司 10％的股权，在 C 公司的下一轮融资中，投资者 B 以 500 万元获取 C 公司 10％的股权，那么创业者需要向投资者补偿现金 500 万元。

具体选择哪一种方式，决定权在于投资者。创业者需要对融资有一个清晰的计划，包括每一轮融资的投资者及融资估值等。

二、对赌协议之业绩对赌

创业者套现的方式包括公开上市（IPO）和并购出售，之前曾经出现传统行业收购互联网游戏公司、大型游戏公司收购小游戏公司的浪潮。这对于那些小型游戏公司而言，是一件好事，被其他企业并购成为小型游戏公司的创始人快速套现离场的重要方式。

但在大多数收购中，创业者都逃不掉业绩对赌的"魔咒"。这涉及投融资的一个重要问题：企业估值。企业估值是一门"艺术"，仁者见仁，智者见智，很难有一个非常科学、客观的评估标准。但在并购中，企业估值需要严谨、科学地数据化。一些收购案例中，被收购方会承诺未来 3 年的利润达到一定水平。

业绩对赌非常常见，在乳业相关的报道比较多，最著名的是蒙牛相关的报道。

2003 年，蒙牛乳业与摩根士丹利、鼎辉、英联三家投资机构签订的投资协议中有业绩对赌条款。实际上，和摩根士丹利、鼎辉、英联三家投资机构签署对赌协议的并不是蒙牛的国内企业，而是蒙牛集团在英属维京群岛注册的"金牛公司"和"银牛公司"。因为这些企业实际上是同一利益体，为了方便陈述下面就以蒙牛乳业来代替。

对赌协议约定：摩根士丹利、鼎辉、英联投资蒙牛乳业，蒙牛乳业需要保证在 2004 年至 2006 年 3 年内，每股赢利复合年增长率超过50%。如果达到该条件，三家机构投资者就会将最多 7 830 万股股权转让给金牛公司；反之，如果年复合增长率未达到 50%，金牛公司就要将最多 7 830 万股股权转让给机构投资者作为补偿。

对于投资者而言，他们大多数情况下是希望目标企业赌赢的。这样虽然投资者不能够得到补偿的股份，但因为目标企业的业绩好，股价会提升，投资者的利益也得到保障。蒙牛乳业和摩根士丹利、鼎辉、英联三家投资机构的对赌，蒙牛乳业赢了。

我们不应该脱离具体案件事实研究对赌协议是否有效，而应当侧重于审查协议设置的对赌条件的公平性，以及对赌失败后，是否对企业相关权利人的合法利益造成损害。也就是说，应当通过多个维度，在具体案件中判断对赌协议的有效性。

业绩对赌成为投融资对赌协议中的必备条款。因为在融资谈判中，企业的财务情况是投资者关注的重要问题之一。在投融资过程中，创业者希望获得高估值、获得更多融资，从而提升企业价值或者以高价套现离场，而投资者在面对企业估值的非科学性及未来的不确定性时，更希望得到一个保障。

在有对赌条款的投资中，创业者不应当给予投资者过多业务决策权，经营计划、财务计划、业务调整、人事任免等与日常经营相关的决策权应当把握在自己手中。否则，若未来企业业绩达不到约定的要求，很可能出现权责不清的问题。

如果对赌条款约定企业业绩未达到要求，创业者需要转让一部分股权给投资者，那么创业者需要仔细衡量转让股权之后自己对企业的实际控制权是否会发生变化。如果企业控制权发生变化，意味着对赌的内容是企业整体的控制权，转让股权只是表象。企业控制权发生变化，往往意味着创业者有朝一日终会被迫离开企业。

因此，创业者需要审慎评估包含业绩对赌条款的投资价格是否合适，以及企业控制权的变化给投资者带来的价值及给自身带来的危害等，最大程度上避免出现不必要的损失。

三、对赌协议之上市承诺期及回购条款

投资者进行投资的核心目的是获得回报，而大多数投资者要求的回报是现金，出于业务布局的战略投资仍是少数。因此，投资者在投资时，需要考虑退出时间的问题。专业投资基金往往对投资周期作出规

定，一个基金从成立到清算，一般是 5～10 年时间，到期之后 GP 需要给 LP 一个最终的交代。于是，上市承诺期及回购条款就成为投资者的配套退出机制。

这实际上是投资者将创业团队作为退出兜底保障的一种机制，理想的退出方案是企业 IPO 或者被收购，投资者获得较高的投资回报。当企业业绩无法达到预期，迟迟不能 IPO 或者被收购时，创业者按照 12% 的年利率回购投资者的股权，此时投资者得到的是一种类似保本理财的收益。

中小企业、轻资产企业、处于发展初期的高新科技企业，大多面临融资困难的问题，当这些企业无法从传统金融机构获得资金时，就会向民间机构寻求帮助。而作为民间机构的投资者没有金融机构那么烦琐的条件和程序，但为了保障其利益，投资者需要一个担保。

从整体交易上看，似乎是创业者向投资者借了一笔钱，用于经营企业。如果若干年后，企业上市或者被收购了，投资者就可以获得企业的股权；如果若干年后，企业没有上市或者被收购，创业者就需要向投资者偿还这笔资金。

上市承诺期及回购条款的法律效力，已经在多次司法实践中被法院认定有效。下面援引的一个案例，是北京××奔腾文化传媒股份有限公司（以下简称"××奔腾"）董事长李某过世之后，其遗孀金某和投资者×银文化产业股权投资基金（天津）有限公司（以下简称"×银文化"）的对赌纠纷，案件事实如下。

1993 年，李某和金某结婚。此后两人共同创业，于 1994 年创立北京雷××广告有限公司。2007 年，雷××公司成立了新雷××广告公司（以下简称"新雷××"）。2011 年，新雷××改制并改名为××奔腾。

2011 年，××奔腾引入×银文化作为投资者，×银文化通过受让老股和认购新股的方式取得××奔腾 15% 的股权，对价合计 4.5 亿元，

××奔腾估值 30 亿元。也许是为了便于管理,在×银文化投资前,金某并不是××奔腾的股东,股东分别为李某、李 A、李 B 和投资者霸菱投资。

在 2011 年×银文化增资时,李某、李 A、李 B 作为公司股东,承诺在 2013 年 12 月 31 日前实现合格上市,否则李某、李 A、李 B 需要回购×银文化的股权,并且李某对全部回购义务承担连带责任。

2014 年 1 月 2 日,在承诺上市期届满后两天,李某意外离世。此后,金某当选××奔腾董事长,接管公司,并与×银文化协商回购事宜。金某只同意按照原价回购,不同意支付其他的费用,如分红和年利率 10% 的固定回报。

因为双方无法通过协商方式达成一致,因此×银文化于 2014 年 10 月 31 日,根据协议约定的纠纷处理方式向中国国际贸易仲裁委员会提起仲裁,要求李某、李 A、金 B、李某在、李某云、邓某辉(前两个是增资协议的签署人,后四个是李某的遗产继承人)承担回购股权的义务。

贸易仲裁委员会认定:李 A、李 B 需要承担回购义务,金某、李某在、李某云、邓某辉在继承李某遗产的范围内承担回购义务。金某是否因与李某具有夫妻关系而应当承担股权回购义务,不属于本案管辖的范围。

金某针对李 B、李 A 发起了两类诉讼,要求分割李某名下的存款和房产的继承,以及对李某名下持有的××奔腾、腾×贸易、鹏×投资、××力合、××欢腾的股权提出了股东资格确认诉讼。

在贸易仲裁委员会仲裁后,×银文化向金某发起诉讼要求金某承担回购义务。金某以不是××奔腾股东、未签署相关协议、属于李某个人债务等理由抗辩。最终,北京市高级人民法院认定:金某需要承担回购义务。最核心的理由主要有两条:

(1)金某虽然不是××奔腾的股东,但其实际上一直参与××奔腾的经营，对李某签署含有回购条款的增资协议应当知情。

（2）李某经营××奔腾所得的收益，用于家庭生活，金某实际上取得了相关利益。

××奔腾的案例有特殊性，企业实际控制人李某意外身亡，遗孀金某要求分割财产、确认股权，这将会给投资者×银文化在××奔腾的投资利益造成不可估量的损害。虽然该案例有一些特殊性，但"企业经营所得用于家庭生活"就可以确认收益为家庭所有，债务不属于夫妻一方的个人债务。按照此案例的判决进行推理，即使创业者的妻子不知情，也需要对对赌协议中的约定承担连带责任。

创业者在和投资者签署相关条款时，可能会跟投资者协商能否让家人免除承担连带责任。但是从投资者的角度出发，创业者的家人免除承担连带责任可能会给他们转移财产提供合理契机与渠道。

因此，也有一些投资者在签署协议时，要求创业者的配偶对回购条款签字确认。如此，不仅创业者自己和企业同命运，创业者的家人也和企业荣辱与共。从法律上看，此举对于投资者十分有利，能够为投资者提供一定的权益保障。

此外，正如前面提到的杭州×龙郭某的案例，离职的创业者需要在离开之前处理好回购条款，否则在离开公司若干年之后，仍旧可能被投资者起诉要求回购股权。

四、领售权条款和优先清算权条款

领售权指在合格 IPO 之前，如果大多数 A 类优先股股东同意出售或清算公司，剩余的 A 类优先股股东和普通股股东应该同意此交易，并以同样的价格和条件出售他们的股份。

领售权条款应该是"舶来品"，因为国内没有 A 类优先股的概念。领售权条款最初是大股东用来限制小股东的条款，主要用于大股东想出售公司而小股东阻挠时，大股东可利用该条款顺利出售公司。而在投融资领域，这个条款变成小股东在特定条件下强制大股东一起出售股权的条款。

领售权是投资者保护自己利益的有效方式。当存在潜在买家，而创业团队不同意出售公司时，投资者借助这个条款可以要求全部股东一起出售股权，从而实现套现离场。一般情况下，领售权条款都会有一些限制条件，能够保护创业团队的利益。

下面以某餐饮公司的故事为例，详述领售权条款在实际中的应用。

2008 年，金融危机和快速扩张导致××南公司资金紧张，因此，××南的负责人张某决定进行融资。鼎×投资以 2 亿元注资获得××南约 10％的股份，以此估算，那时××南市值约 20 亿元。当时签署的投资协议中包括上市承诺条款、回购条款、领售权条款、优先清算权条款。

协议约定，张某承诺××南在 2012 年 12 月 31 日前上市，否则鼎×投资有权要求张某回购其股权；如果有第三方愿意整体收购××南，鼎×投资也有权要求张某与其一同将股权全部出售给第三方；公司整体出售构成清算，鼎×投资将有权按照优先清算权条款获得双倍的清算回报。

然而，上市申请提交之后，监管部门冻结了餐饮企业的 IPO 申请。在此之前，整个 A 股市场仅有 2007 年上市的全聚德和 2009 年上市的湘鄂情两家餐饮上市公司。当时与××南有着相同遭遇的还有比××南更早提交上市申请的顺×集团、广州酒×等餐饮企业。据称，餐饮企业的 IPO 申请之所以处于冻结状态，是因为采购端与销售端都是现金交易，收入和成本无法可靠计量，无法保证会计报表的真实性。2012 年 1 月 30 日，中国证监会例行披露的 IPO 申请终止审查名单中，××南赫然在列。

上市遭遇的挫折，使张某对投资者鼎×颇有微词。张某声称，她早就想清退这笔投资，但鼎×要求翻倍回报，双方没有达成一致意见。后来，××南辗转港股谋上市，未果。

而后就出现了 CVC（CVC Capital Partners）收××江南事件，CVC 对××南采取的是杠杆收购的方式。这种方式最大的特点就是，只需支付少量的现金，即可撬动一个大的并购，因而被称为杠杆收购。杠杆收购中，收购方支付的收购款须依靠债权融资获得，而还款来源则依靠收购标的后产生的现金流。

2014—2015 年，高端餐饮行业的发展并不乐观，CVC 所期望的依靠××南的现金流来偿还并购贷款的设想无法实现。CVC 不愿在××南的泥潭里陷得更深，便放弃××南的股权，任由银行等债权方处置××南。

领售权一般都有触发条件，一般情况下是时间和潜在收购价格。以下是一个领售权条款的具体内容，供大家参考。

"自交割日起的 3 年后，若大多数投资者批准将公司或其任何分子公司全部或大部分股权或资产整体出售给第三方，且在该等整体出售中集团公司的整体估值超过 30 亿元，则公司股东应同意出售和转让其所持有的公司股权或支持公司出售资产，并配合签署全部必要的法律文件和办理必要的手续。如果任何股东拒绝出售其所持有的公司股权或不同意公司出售全部或大部分资产，导致公司的整体出售无法进行，则拒绝出售的股东应以第三方出价价格购买投资者届时拟出售的全部公司股权。"

此领售权条款中，约定了领售权的行使条件：交割满 3 年，并且整体出售的价格不低于 30 亿元。

优先清算权条款，使得创业者在公司被收购时获得的收益非常少。清算对于公司来说是一件非常重大的事情，意味着投资者和创业者就此分道扬镳。而在公司被收购时，投资者大多要求按照优先清算权分配资产。因此，创业者一定要清楚了解优先清算权条款，以便更好地应对。常见的优先清算权条款如下：

（1）不参与剩余资产分配的优先权。这意味着投资者仅要求获得约定的优先清算额，不参与剩余清算资产的分配。此种类型的条款相对简单，对创业者也较为友好，但投资者获得优先分配资产的总额可能是投资额的数倍。当公司退出价值低于优先清算额时，投资者获得全部清算资金。当公司退出价值按投资者持股比例向其分配的数额高于优先清算额时，投资者一般会放弃行使优先权，按股权比例参与资产分配。

（2）参与剩余资产分配的优先权。参与剩余财产分配的优先权，指的是投资者不仅要求获得一个固定的投资回报或者优先收回投资成本，还要按照持股比例对剩余资产进行分割。

创业者除了要了解清算权条款外，还需要认真识别清算的情形。常见的投资协议中，将公司被并购视为清算的一种情况。此时，投资者获得的收益将分为两部分：优先清算权中约定的固定收益；出售其持有的股权所得的对价。

第三节 投资者退出的问题

在投资过程中，可能会出现投资者临时退出的情况。投资者退出的情况主要有：尽职调查阶段要求推出、签署投资协议后毁约、投资完成后"秋后算账"等。

一、尽职调查阶段要求退出

投资者内部对于项目的评估有特定的流程。一般情况下，投资者在和创业者完成谈判后，会先签署一个意向书，确定投资的意向及主要投资事项，如企业估值、投资金额、占股比例及股东权利等。

意向书就是双方对于投资达成了初步的意向，是否投资需要投资者进行一系列尽职调查后决定。尽职调查完成后，双方才会正式签署投资协议。在这个过程中，投资者很有可能改变投资意向。

因此，创业者应当认真对待投资者的尽职调查，尤其是业务尽职调查，这是投资者进行投资决策最重要的一个依据。在投资者进行业务尽职调查时，创业者最好予以配合，进行相应的辅助。而法律尽职调查和财务尽职调查，则交由法务和财务人员处理，在最终提交尽职调查文件时，创业者可以进行审查。

根据企业规模及业务复杂性的不同，尽职调查的方式也会不一样。对于复杂的项目，投资者可能会派人到企业进行现场尽职调查。而这也说明投资者很重视尽职调查，尽职调查并不是走过场，因此创业者及企业全体员工都必须严阵以待。

如果投资者对尽职调查的结果不满意，或者因为一些主观原因不想进行投资，那么由于只签署了意向书而没有进行实际的投资行为，投资者在此时作出不投资的决定也是无可厚非的。

因此，签署意向书只是一个阶段性的小胜利，并不代表着创业者就能够获得投资。在签署意向书之后，虽然创业者不能继续接触其他投资者，但要做好继续找新的投资者的准备。

创业者需要防范一些别有目的的投资者。一些投资者开展尽职调查的真正目的可能不是投资，而是通过尽职调查获取企业的一些机密信息。因此，创业者要格外注意对投资者的筛选。在签署意向书的同时，创业者最好和投资者签一份保密协议，或者在意向书中设置保密条款。

二、签署投资协议后毁约

接触并引入投资者可能需要半年到一年的时间，创业者需要付出大量精力。在谈判过程中，创业者可能还需要作出很大的让步，接受原本并不想接受的投资条件。若投资者在签署投资协议之后毁约，创业者及其开发的项目，都会遭受严重打击。

然而，许多投资协议中，很少有具体条款对投资者的违约行为进行明确限制。这就意味着大多数情况下，投资者都无须承担相应的违约责任。而少数情况下，即便有违约责任，可能也无关痛痒。

这是由于投资市场仍然是买方市场，与掌握资金的投资者相较，创业者属于"被挑选"的一方，即相对弱势的一方。所以通常情况下，如果没有强势且前景十分广阔的产品作为支撑，创业者很难与投资者公平地谈判。因此，为了保障自身权益，创业者可以与投资者充分沟通，在投资协议中约定违约责任。

不过，并不是所有的投资者在毁约后都无须承担责任。投资者签署投资协议后毁约需要承担的违约责任，应当具体问题具体分析。

投资者在签署投资协议之后、未实际支付投资款之前违约，相对来说需要承担的违约责任较小。如果投资者在支付部分投资款之后，不再继续支付剩余投资款，根据合同条款，第二笔甚至第三笔投资款应当支付的条件已经达成，那么在法律上，相应的违约责任还是很清晰的。

《公司法》第二十八条对违约的相关情况作出了规定："股东应当按期足额缴纳公司章程中规定的各自所认缴的出资额。股东以货币出资的，应当将货币出资足额存入有限责任公司在银行开设的账户；以非货币财产出资的，应当依法办理其财产权的转移手续。

股东不按照前款规定缴纳出资的，除应当向公司足额缴纳外，还应当向已按期足额缴纳出资的股东承担违约责任。"

按照相应法律条款，投资者需要继续履行出资义务，如果不履行就需要承担违约责任。若投资者要求解除投资协议，后续还会产生一系列相关的法律问题，例如，投资款的归还问题、股东协议的效力及相关问题等。下面通过一个相关案例具体讲述。

某创业者成功获得行业内知名企业的投资，双方签署投资协议之后，投资企业支付了第一笔资金，可后续的资金未能按期支付。为了解决员工工资问题，创业者不得不接受投资者的变通方案：向企业提供一笔过桥贷款，但这笔过桥贷款需要创业者做连带担保。这意味着，该创业者成为债务人。

在获得这笔过桥贷款之后，该创业者与投资企业就没有办法在法律上进行纯粹的分割，也无法要求解除投资协议。否则，该创业者就需要偿还过桥贷款的债务。而一旦解除投资协议，创业者需要返还投资者的投资款。

一家有数百万元甚至数千万元欠款的初创企业，很难获得良好发展。为了谋求后续发展，企业难免需要再次融资，而一旦进入尽职调查阶段，新投资者就会了解到企业与前投资者之间的不愉快经历。

如今的投资市场正处于买方市场阶段，创业者数量众多，投资者的选择众多，投资者基本不会选择一家有不良记录的企业。

在此案例中，我们能够感受到创业者面临的艰难取舍，也能够从中吸取到一定的经验或教训。如果投资者签署了投资协议并且支付了第一笔投资款，但之后迟迟不再继续履行义务，而是"善意"地提出为企业提供过桥贷款，那么创业者需要认真考虑、审慎对待。

对履行后续投资义务的拖延，是投资者对被投资项目已经失去信心的明确信号，此时创业者就需要充分提高警惕，做好后续准备，并积极与投资者沟通，避免使自身陷入风险之中。

三、投资完成后"秋后算账"

除了前面介绍的一些条款之外，投资者可能还会在投资协议中设计一些"陷阱条款"，使其后期能够顺利解除合同或者要求创业者回购其股权。这些条款千奇百怪，其中最常见的是将承诺保证条款和创业者的勤勉义务、忠诚义务与回购义务挂钩。以下是一个具体案例。

在上海市第一中级人民法院审理的南京源×投资中心（有限合伙）（以下简称"源×投资"）诉张某国请求公司收购股份纠纷一案中，源×投资与张某国作为股东的视×公司签订了一份投资协议。此投资协议规定了当视×公司及张某国出现诸如重大诚信问题、对企业造成重大不利影响、未尽到勤勉忠诚义务等情况时，源×投资有权要求视×公司及张某国回购其持有的部分或全部股权。

2013—2016 年，视×公司因侵害作品信息网络传播权、不正当竞争等问题多次涉诉，分别赔偿了几万元至十几万元不等的金额。

在源×投资诉张某国请求公司收购股份纠纷一案中，法院最终站在了创业者这边。其相关依据主要为，上诉人源×投资在投资前，未对项目进行详细的尽职调查，对投资风险的评估也并不充分。而上诉人称视×公司涉及的多起诉讼，并未达到对企业发展存续造成重大不利影响的程度。因此，法院对上诉人的上诉不予支持。

尽管在本案中，最终法院作出有利于创业者的判决，可法院判决的依据是：投资者并没有证据证明创业者实质性地违反了承诺保证条款。若投资者拥有相关证据的话，可能结果就会截然不同。

创业者需要警惕投资者完成投资后"秋后算账"，严格遵守相关条款，这样才能在出现纠纷时，占据主动地位。

第十章

控制权之战

企业控制权是企业经营中最重要的实际权力。企业在发展过程中，难以避免需要进行融资，这就会使企业创始人的股权被不断稀释，从而使其控制权受到威胁。企业各位创始人之间、创始人与股东之间，都有可能出现激烈的控制权之战。如何在这场没有硝烟的战争中胜出，牢牢把握企业控制权，成为各位企业创始人需要考虑的重要问题。

第一节　×功夫的不欢而散

×功夫的控制权之争，可谓十分惨烈。蔡某标与潘某海本是关系亲密的好友，最后却不欢而散。蔡某标甚至锒铛入狱、妻离子散。而×功夫也由于激烈的内斗而发展不畅、上市遇挫，最终失去了发展机遇。

一、×功夫发展史

×功夫的创业史，是一个典型的家庭小作坊的发展史。×功夫由两个家庭共同创建，一路发展成为华南地区最著名的特色餐饮集团。

1. 1990—1994 年的传统餐饮小店

潘某海在东莞长安镇创办了"××甜品屋"，主营甜品、粥品和汤粉，在他苦心孤诣地经营下，"××甜品屋"在当地渐有名气。在此期

间，潘某海的姐姐潘某峰和蔡某标交往，然而，蔡家不认可潘家的家庭
条件，不同意蔡某标和潘某峰交往。蔡某标就经常偷偷到潘某海的甜品
店和潘某峰见面，后来，在甜品店门口做起了游戏机生意。

蔡某标和潘某峰最终修成正果，并在婚后共同经营一家五金店。后
来蔡某标夫妇经营的五金店倒闭，蔡某标、潘某峰夫妇开始与潘某海一
起经营甜品店，蔡、潘夫妇投资后，持有 50% 的股权。他们将 "××
甜品屋" 更名为 "××蒸品店"，实现从甜品向蒸品的业务转型。

2. 1994—1999 年的标准化经营探索

潘某海是蒸品店的真正掌舵人，掌握着店里的秘方，所有餐品的制
作方法、食材配比基本由潘某海研究、整理。1997 年，经过多年潜心
研究，潘某海提出蒸柜的整体设计思路，并委托一名大学教授进行电路
设计，最终成功研制出电脑程控一体化蒸柜，一举攻克中餐工业化生产
的标准化难题，解决了餐饮食品标准化、流水线生产的技术问题，"×
×蒸品店" 也更名为 "东莞市双××饮食有限公司"，开始走上连锁扩
张之路。

虽然潘某海是企业中最为重要的人物，但是 "双××" 这个企业名
称指代的是潘、蔡两家，足以见得蔡某标与潘某峰夫妇在企业中的重要
地位。

而此时，作为餐饮店最重要的人物，潘某海依然掌握着蒸品店经营
的关键秘方，以及蒸品店标准化经营的技术。也就是说，×功夫未来发
展的技术核心都掌握在潘某海手里。

3. 2000—2006 年的快速发展扩张

确定连锁经营的战略之后，双××公司开始从东莞向周边城市扩
张。2004 年，双××公司确定使用 "×功夫" 这一品牌名。6 月 19 日，
第一家×功夫原盅蒸饭餐厅在广州开业。

2005 年 12 月 24 日，×功夫全国第 100 家直营连锁店在广州开业，

是中式快餐行业首家突破百家直营店大关的企业。

2006 年 1 月，×功夫首次正式通过 HACCP 食品安全管理体系及 ISO 9001 质量管理体系的国际标准认证。3 月，×功夫品牌宣布坚决不做油炸食品，推广中餐健康烹调方法。此后，还召开中国快餐营养与健康专题研讨会。

2006 年 6 月，×功夫获得了"2005 年度快餐企业 20 强"的荣誉，位居中式快餐品牌之首。同年 10 月，×功夫又荣获"快餐十佳品牌企业"称号。

4. 2007 年资本化运作

在实际发展过程中，×功夫是否遇到一些困难，我们不得而知。但从表面来看，在快速发展的 7 年时间里，×功夫可谓顺风顺水。当企业发展到一定阶段后，很多创始人就开始思考资本化的道路，以谋求上市套现。2007 年，×功夫开始启动融资，引入今×资本（香港）、中×联动两家风险投资基金（各占股 3%）后，企业开始进行重组。

2007 年，×功夫重组完成后，其股权结构为：潘某海与蔡某标分别持股 41.74%，双××公司持股 10.52%，中山联动与今日资本各持股 3%。

双××公司一直由潘某海主持工作并担任法定代表人。从个人持股情况看，潘某海与蔡某标股份相同，此时，×功夫的股权结构过于平均。但有人认为，从实际控制的股权数量看，潘某海直接控股 52.26%，蔡某标只实际控股 41.74%。

2007 年，×功夫成功引进风投后，蔡某标以自身主外为由，要求担任企业的董事长，并以引入资本后企业的经营管理需要更加规范，原本的一些关联交易需要切断，人事安排需要重新调整为由，开始使用一系列手段将潘家人逐渐排除在外。

2008 年，潘某海发现×功夫主要供应链全部由蔡某标及其兄弟姐妹控制，例如，掌控企业采购大权的是其妹蔡某媚。当时企业利润严重下滑，企业经营状况每况愈下，财务报表中经常有大额异常资金拨付。

此时，蔡某标以运营资金缺乏为由要求董事会通过同意向银行贷款的决议，潘某海对此提出要先对企业资产进行审计，然后再评估是否需要申请贷款。蔡某标坚决不同意查账，董事会因此不欢而散。

由此，×功夫上演了控制权争夺战。

二、控制权争夺之战

在与蔡某标斗智斗勇的过程中，潘某海萌生退意。2010 年 9 月 18 日，潘某海、蔡某标、今×资本签署了股权转让协议。

此次股权转让包括两部分：一部分是潘某海将其在双××公司 35.74％的股权（对应×功夫 3.76％的股权）转让给蔡某标，作价 7 520 万元；另一部分是潘某海将×功夫 21.25％的股权转让给今×资本或其指定公司，作价 4.25 亿元。按照这个价格计算，×功夫的整体价值为 20 亿元。

但就在蔡某标和今×资本开始履行合同支付保证金，并办理外资收购相关的申报期间，潘家正式向蔡家发难。

1. 监事的监督权发挥威力

蔡某标在此前清理潘某海一系的势力时，不知出于什么原因，并没有将潘某海的妻子窦某嫘清理出去，窦某嫘仍旧在×功夫担任监事。根据《公司法》的规定，监事的主要职责是：监督董事、高级管理人员是否如实执行股东会决议，是否尽到忠诚勤勉义务，是否存在侵害企业及股东利益的情况。

通常情况下，监事在企业经营过程中没有什么实际的权利。但当股东之间出现纠纷时，监事就是一把利刃。

2010 年 12 月 1 日，窦某嫘向广州市公安局经济侦查大队报案，称蔡某标自 2008 年以来侵吞×功夫企业资产，擅自挪用×功夫近 6 000 万元公款，广州市公安局以证据不足为由不予立案。此后，窦某嫘补充证据，指控蔡某标职务侵占，通过虚构交易等方式，侵占×功夫企业 240 万元，广州市公安局最终予以立案。

2011 年 4 月 22 日，蔡某标被依法逮捕羁押。2013 年 12 月 12 日，广州市天河区人民法院一审判决蔡某标 14 年有期徒刑。2014 年 6 月 4 日，广州市中级人民法院维持一审判决。

蔡某标被依法羁押后，失去了×功夫的控制权。2019 年 2 月 27 日，广东省阳江市中级人民法院对蔡某标作出减刑裁定，对其予以减刑 7 个月。

但从目前的情况看，由于蔡某标存在侵占企业资产的犯罪情节，就算其出狱，也不可能再有争夺×功夫控制权的可能。

2. "脱壳"计划

蔡某标在获得企业实际控制权后，采取了一系列措施，其中最有名的是"脱壳"计划。2011 年 4 月 11 日，潘某峰曝光了一份蔡某标的密件——《有关调整×功夫餐饮管理公司运营架构及公司控制事项项目操作方案》，文件落款为 2009 年 6 月 12 日。

该文件分别对蔡某标与潘某海在企业内部优劣势进行对比，从表决权、人事权、商标权等方面，为蔡某标采取抗御措施、削弱潘某海实力提出一系列建议，并给予了风险评估。

密件建议，蔡某标可巩固与另两个投资者的关系，利用一段时间筹备资金收购其股权，以达到掌握董事会的表决控制权，从而正式开始"脱壳"；可通过罢免现任监事窦某嫘，另立监事的方式，削弱潘某海在公司的话语权；对于潘某海在×功夫商标中持有 50％的股份，文件建议蔡某标通过商标转让方式，将商标权益剥离出广州市×功夫餐饮管理有限公司等。

3. 股权诉讼

在蔡某标被刑事羁押后，潘某海开始采取措施巩固其在公司的控制权。这些措施之中非常重要的一项是：解除 2010 年 9 月 18 日签署的股权转让协议。

本案中的第三人今×资本，在蔡某标出事之后分别向蔡某标和潘某海发出解除股权转让协议的通知，称"今×公司收购×功夫公司股份是为了×功夫公司上市，今日公司向蔡某标和潘某海发出解除通知的根本原因是蔡某标刑事案发后暴露出来的'脱壳'计划，其所做的关联交易和'脱壳'计划等一系列民事行为违反了其向今×公司所作出的保证，致使合同的目的无法实现，蔡某标构成根本违约。"

蔡某标拉拢两个投资者，通过收购潘某海的股权降低其持股比例，最终掌握董事会再逐步实施"脱壳"计划。若蔡某标没有入狱，他将在控制董事会之后取得公司的绝对控制权，此后他可能会将×功夫的核心资产剥离到其他公司，实现资产转移。如此一来，潘某海在×功夫的股权就没有实际价值，且潘某海将会被架空。

2016 年 12 月 14 日，广东省高级人民法院终审判决支持各方解除股权转让协议的要求，但不支持各方主张蔡某标违约，进而要求蔡某标承担违约金的要求。随着广东省高级人民法院判决解除各方签署的股权转让协议，潘某海和蔡某标在×功夫的股权相同，同时因为蔡某标被判决入狱 14 年，并且存在侵占公司资产的行为，未来不可能再有机会争夺×功夫的控制权。

三、出现控制权问题的根源

×功夫的案例有非常多人分析过，最多的结论是：×功夫出现纠纷最终导致股东离心、公司上市一再搁置的核心原因是潘某海和蔡某标的股权相同，各持有 47％的股权。在股东会上，没有一个绝对的控股股东。

此外，针对×功夫的纠纷，出现控制权问题的根源可能还有：

1. 维系双方关系的最初纽带断裂

蒸品店是潘某海经营的,1994 年,蔡某标与潘某峰结束五金店的生意后,与潘某海共同经营蒸品店。潘某海是潘某峰的弟弟,在潘某峰和蔡某标交往的时候,两人约会的主要场所就是潘某海的蒸品店。

20 世纪 90 年代的东莞发展迅速,而当时的蔡某标,仅是一个游手好闲且家境殷实的富家公子。虽然他加入了蒸品店,但因为不懂餐饮行业,且潘某海是实际掌舵人,蔡某标实际上并没有参与企业的经营。

1996 年,蔡某标忽然"失踪"了一个星期。而其当时处于怀孕状态的妻子潘某峰,在机票代售点工作人员处得知,蔡某标几天前与一位胡姓女士一同离开。这为蔡、潘二人的婚姻破裂,埋下了导火索。

在多年之后,潘某峰发现,蔡某标长久以来有着多段不正当男女关系,并且其中一人就在×功夫公司任职。最终,蔡某标的行为使二人婚姻彻底破裂。为了不影响×功夫的融资及未来的上市计划,潘某峰和蔡某标在 2006 年秘密离婚。

×功夫从一个家族经营的小作坊,最终成长为巨大的中餐连锁企业,维系各方关系的基础仍旧是亲戚关系。当作为起点和根基的亲戚关系破裂后,出现利益纷争就再没有协调和沟通的余地了。

2. 缺少股权调整机制

×功夫的秘方和标准化技术都掌握在潘某海手上,并且在公司多年的发展中,都是潘某海实际经营×功夫。潘某峰表示,在蒸品店时期,蔡某标根本不管生意,经常一连消失几天。而导致这一问题原因可能在于,勤勉、事必躬亲的潘某海更受员工喜欢,蔡某标有可能被当成"空气",没有威望。

潘某峰察觉到丈夫的压抑,为了平衡家庭关系,就和他谈心。蔡某标表示,他在公司里不受尊重,员工不把他当作老板。经过潘某峰协调,各方同意由蔡某标担任×功夫的董事长,但董事长职位要在潘某海和蔡某标两人之间实行 5 年一轮换。从此以后，蔡某标抛头露面，逐步成为×功夫的"门面"，与社会各界接触。

当初，潘某海和蔡某标两个家庭合作经营"××蒸品店"时，两个家庭各出资 4 万元作为经营资金，各占 50％的股权。潘某海作为大厨负责餐厅的管理和出品，潘某峰负责收银，而蔡某标负责服务客人。这样的出资、分工和股权划分，对于一家小餐馆来说，非常公平。问题就出在经营多年之后，潘某海经过研究发明了中餐厅的标准化运营模式并将这一模式应用于"××蒸品店"。

此时，"××蒸品店"已经和原来的小家庭作坊是完全不同的商业基因。作为小作坊的"××蒸品店"是一种依靠劳动力和手艺经营的传统门店，仍旧处在"农耕时代"。而餐饮生产标准化后的"××蒸品店"则成为一个工业时期的企业，纯劳动力对企业的贡献会随着企业规模的扩大而日渐降低。

换言之，蔡某标和潘某海扮演的店小二和大厨的角色，如果不能随着企业规模的扩大而升级，那么他们对企业的贡献是日渐减小的，而且可能是大幅度减小。而此时，潘某海并没有意识到应该对他们的股权、分工进行重新安排。

一家公司从创立到真正在市场上立足，再到成为一家成功的公司，可能要经历 10 年的时间。在这漫长的时间内，很多事情会发生变化，如股东之间的情谊、公司的估值、股票价格等。在不同的阶段，创始人要根据公司的发展需要，妥当处理合伙人之间的关系。

第二节　控制权的七条股权生命线

随着企业不断发展壮大，企业引进融资以及带来的股权稀释不可避免。若按照同股同权原则，那么创始人对企业的控制权极易受到威胁。

因此，企业创始人在进行融资以及股权激励时，必须谨慎看待自身股权比例，以免在混乱状态下丧失企业控制权。

一、大于 67%：绝对控制权

随着企业不断增资扩股，企业创始人的股权将会被逐渐稀释。因此，即使企业创始人在创业初期掌握 51% 的股权，也不能保证完全控制企业。如果企业的章程中没有对控制权进行额外约定，掌握 51% 股权的创始人，有可能在企业发展过程中慢慢丧失对企业的控制权。

那么，若想拥有对企业的绝对控制权，创始人需要掌握多少股权呢？答案是 67%。

占有 67% 的股权，则代表股东拥有超过 2/3 的投票权，能够对企业变更主营项目、合并、分立、修改章程等重大事务进行决策。这就意味着，即使企业股权结构发生变动，占有 67% 股权的创始人也能够通过修改章程等方式，对企业控制权进行额外约定。因此，对创始人来说，67% 的股权是掌握控制权的最佳生命线。

本条股权生命线适用于股份有限公司、有限责任公司。

二、51%：相对控制权

持有 51% 股权的创始人，在企业事务的决策上有着超半数的投票权，对企业有相对控制权。若企业章程中没有特殊规定，创始人可以对企业的部分简单事务进行决策，例如，聘请、解聘总经理，聘请会计师事务所，聘请审议机构，选举董事、监事，聘请独立董事等。

但创始人需要注意，51% 的股权是一条退而求其次的生命线。由于未达到 67% 的股权比例，因此除特殊情况外，创始人仍有 7 项重大事务无法进行独立决策，包括变更企业形式、企业解散、企业合并、企业分立、修改章程、减少注册资本、增加注册资本。

三、34%～51%：否决权

34%的股权，被视为创始人的安全控制线。当创始人的股权占比在34%以上时，其他股东就无法占有67%以上的股权，不能拥有超过2/3的投票权。在这种情况下，虽然创始人没有绝对控制权，但对企业的重大决策拥有一票否决权。

创始人不能忽视34%股权这条安全控制线，当企业处于紧要关头时，创始人的一票否决权可能会发挥重大作用。

四、小于30%：上市企业要约收购线

30%的股权，被称为上市企业要约收购线。通常情况下，这条线仅适用于上市企业在特定条件下的股权收购问题。

根据《中华人民共和国证券法》规定，通过证券交易所进行的证券交易，当收购人持有上市企业已发行的30%股权时，若想继续增持企业股权，需要采取要约的方式进行增持，发出部分要约或全面要约。

换言之，如果持股人持股达到30%而不继续增持，则不会触发强制要约收购义务，如果继续增持，则需要以要约方式进行。

五、20%～33%：重大同业竞争警示

同业竞争是指上市企业所经营的业务，与企业控股股东所控制的其他企业所经营的业务近似或相同，且二者可能构成间接或直接竞争关系。

通常情况下，当一家股份有限公司持有其他企业20%以上的股权，就能够对该企业的经营决策产生重大影响。因此，20%这条股权线，就被称为重大同业竞争警示线。

这条重大同业竞争警示线，并没有确切的法律依据可以参考，但依据行业中默认的规则，由于二者之间可能构成间接或直接竞业关系，所

以在企业中持股比例超过 20％的股东，不得在同行业、同领域的其他企业任职。

六、小于5％：重大股权变动警示

在企业上市过程中，持股比例超过 5％的股东，其控制企业或持有股份的情况发生较大的变化时，往往会影响到企业上市的进程。在企业上市后，持股比例超过 5％的股东，其信息披露的要求与大股东一样严格，并且其减持情况也会受到一定限制。

因此，持有企业 5％以上股权的实际控制人或股东，其所持企业已发行的股权比例每减少或增加 5％时，应当按照规定进行公告与报告，披露权益变动报告书。

七、3％～5％：临时提案权

《公司法》第一百零二条第二款规定："单独或者合计持有公司百分之三以上股权的股东，可以在股东大会召开十日前提出临时提案并书面提交董事会；董事会应当在收到提案后二日内通知其他股东，并将该临时提案提交股东大会审议。临时提案的内容应当属于股东大会职权范围，并有明确议题和具体决议事项。"

因此，当股东单独或合计持有企业 3％以上的股权时，将拥有临时提案权。该规定可以有效保障小股东的权益。

第三节 如何赢得控制权之战

创业者掌握企业控制权的重要性毋庸置疑。如何赢得企业控制权之战，就成为创业者需要重视的关键问题。赢得控制权之战的方法主要有：巧妙利用多层级控制链、签署一致行动人协议、通过委托股票权控制企业等。

一、巧妙利用多层级控制链

在设计股权架构的过程中，创始人能够通过间接持股的方式，构建起多层级控制链，以实现对企业的控制。创始人位于多层级控制链的最顶端，目标企业位于控制链的最底端，多层控股企业位于中间层，如图 10-1 所示。

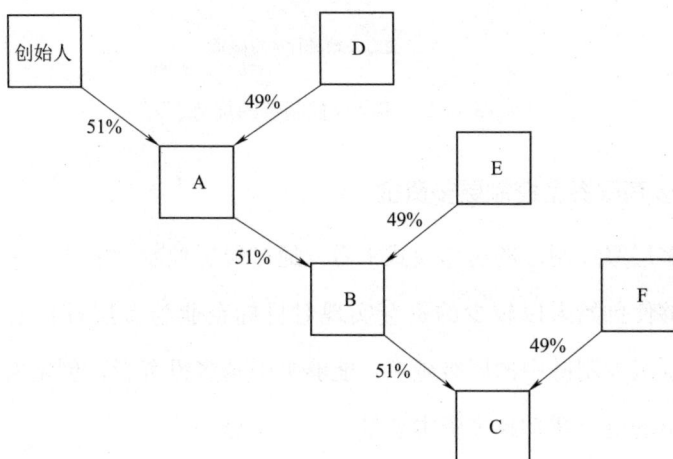

图 10-1　多层级控制链

在上图所示的多层级控制链中，创始人持有 A 企业 51％的股份，通过 A 企业又持有 B 企业 51％的股份，再通过 B 企业持有 C 企业 51％的股份，最终实现对 C 企业的实际控制。

假设企业 A、B、C 的注册资金都为 100 万元，D 对 A 企业、E 对 B 企业、F 对 C 企业投入的资金均为 49 万元，那么创始人仅需出资 51 万元，便能够控制 D、E、F 总计 147 万元的资金。并且，创始人还可以通过多层级控制链顺利实现对 C 企业的控制。

通过构建多层级控制链，各层投资者都能够通过控股企业实现对目标企业的间接持股，进一步实现资金与权利的分离。

总的来说，多层级控制链具有以下几项优势，如图 10-2 所示。

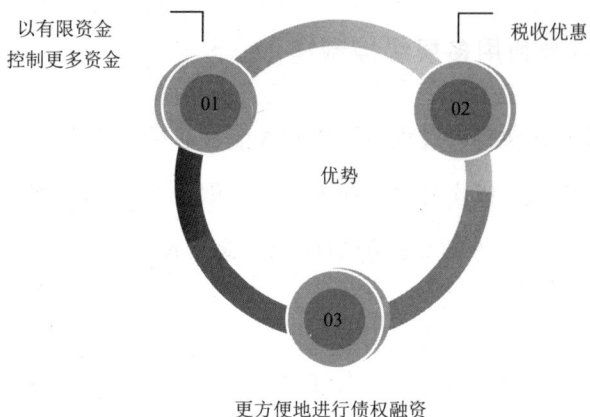

以有限资金
控制更多资金

税收优惠

优势

更方便地进行债权融资

图 10-2　多层级控制链的优势

1. 以有限资金控制更多资金

从多层级控制链的运作模式来看，通过层层控制的方式，多层级控制链能够使创始人以较少的资金实现对目标企业与多层投资公司的控制。多层级控制链中的层级越多，能够吸引越多投资者，创始人也就能够以有限的资金撬动越多资本总量。

2. 税收优惠

根据相关税收优惠政策，创始人利用在控制链中的企业中获取的分红进行投资获取的收益，无须缴纳企业所得税。因此，创始人能够将多层级控制链中各层级企业的分红用于其他投资，而无须承担额外税负。

3. 更方便地进行债券融资

创始人通过多层级控制链对目标企业实现控制后，对于目标企业来说，其开展债券融资将会更加便利。

一方面，若控股企业信用等级较高、综合实力较强，当目标企业需要向银行等金融机构贷款时，那么控股企业便能够为目标企业提供信用担保，使目标企业迅速获取金融机构的信任；另一方面，当目标企业积累了一定资产后，便能够发行企业债券，顺利获得融资。

二、签署一致行动人协议

在企业的投资、收购等环节中，一致行动人被视为一个整体，他们的持股数量需要合并计算。例如，股东 A 在某企业中持股 25％，股东 B 持股 30％，当 A、B 二人签署一致行动人协议后，在法律层面上，A 与 B 就作为一个整体成为持有该企业 55％股权的大股东。

一致行动人协议有多种实现形式，但其核心内容是始终不变的，即充分发挥出一致行动人的优势，使创始人能够掌握对企业的实际控制权。

在操作过程中，占股比例较少的创始人，可以通过签署一致行动人协议的方式，与其他股东构成一致行动人关系。在对企业重大事项进行表决前，一致行动人将通过事先商议的方式形成一个结果，作为对外的唯一意见，这样能够使占股比例较少的创始人在企业发展相关的决策中拥有更多话语权，扩大了创始人对企业的控制权。

签署一致行动人协议，有利于企业整体的战略规划，适用于治理结构较为完善的企业，能够对企业的长远布局以及长期业务规划产生积极影响。

在签署一致行动人协议时，各股东需要保证协议的详尽度、完整性。若协议存在错漏之处，那么在将来出现矛盾、纠纷或问题时，难以及时追责，难以有效解决问题。

一致行动人协议中需要明确的核心内容，主要包括以下几个方面，如图 10-3 所示。

1. 签约主体

一致行动人协议的签约主体，通常情况下是企业的股东。签署一致行动人协议的目的，往往是对各股东的投票权加以明确。

2. 期限

在一致行动人协议中，需要约定该协议存续的期限。这一期限，通常由参与签约的各位股东协商确定。

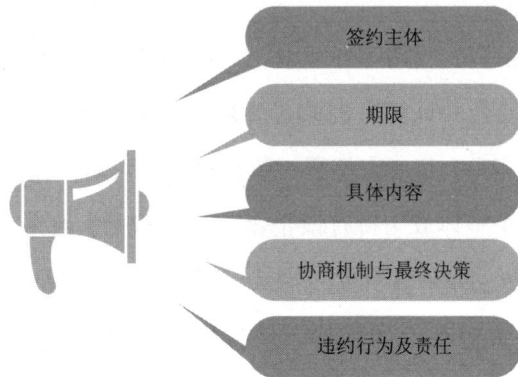

图 10-3　一致行动人协议的核心内容

3. 具体内容

在不违反相关法律法规和企业章程的前提下，各位股东可以自主协商确定一致行动人协议的具体内容。

4. 协商机制与最终决策

签署协议的各位股东，应提前对需要在股东会或董事会中发表意见的事项进行协商，形成一致意见，作为一致行动人的意见。

当各股东的意见相左，难以达成一致时，最终决策需要通过"一方决策制"形成，即参考各位股东中实际控制人的意见。

5. 违约行为及责任

由于一致行动人只能发表一种意见，当签署协议的某位股东擅自行使投票权时，就有可能对其余协议签署方造成重大损失。为尽量避免这一问题，以及在问题发生后能够快速解决，各位股东应当在协议中明确规定各种违约行为，以及需要承担的违约责任。

三、通过委托投票权控制企业

相关法律规定，当股东不愿或无法出席股东大会进行投票时，可以签署书面协议，委托某一特定股东代为行使自身所持股票的投票权。

例如，在京东商城上市发行前，曾有 11 位投资者委托刘强东代为行使投票权。当时，刘强东的个人持股比例仅占 20％，却通过腾讯、今日资本、高瓴资本以及老虎基金等投资者的委托，在京东商城上市前，掌控了超过 50％的投票权。

虽然刘强东个人持股比例较低，但是委托投票协议让刘强东拥有了对企业的绝对控制权。足以见得，委托投票权是创始人控制企业的重要方式之一。

委托投票权的本质，在于维护持股人自身的权益，以实现其诉求。通过行使委托投票权争夺企业控制权，无论失败还是成功，都是对董事会或控制人的决策产生约束的一个重要手段。

第十一章

股东知情权与公司决议

股东知情权以及股东在何种范围内享有何种知情权，是公司经营、发展的关键问题。而公司决议是公司意思表示的载体，一经形成便具有法律效力，在公司发展过程中具有不容忽视的地位。创业者必须充分了解股东知情权与公司决议相关问题，更好地促进企业健康发展。

第一节　你真的了解股东知情权吗

股东知情权是指法律赋予股东通过查阅公司的财务会计报告、会计账簿等有关公司经营、管理、决策的相关资料，实现了解公司的经营状况和监督公司高管活动的权利。形式上主要表现为公司股东查阅公司一系列文档，包括公司章程、股东会会议记录、董事会会议决议、公司财务会计报告以及公司会计账簿等。

大量的案例表明，控股股东压制小股东的起点就是剥夺小股东的知情权，而小股东寻求反压制、救济，往往也是从知情权之诉开始。

一、股东知情权法律依据

与股东知情权相关的法律法规，主要体现在《公司法》及其司法解释中；与股东知情权相关的诉讼管辖权的相关规定，主要体现在《中华人民共和国民事诉讼法》（以下简称《民事诉讼法》）及其司法解释中。

《公司法》中有对股东知情权的详细规定如下所示：

"第三十三条 股东有权查阅、复制公司章程、股东会会议记录、董事会会议决议、监事会会议决议和财务会计报告。

股东可以要求查阅公司会计账簿。股东要求查阅公司会计账簿的，应当向公司提出书面请求，说明目的。公司有合理根据认为股东查阅会计账簿有不正当目的，可能损害公司合法利益的，可以拒绝提供查阅，并应当自股东提出书面请求之日起十五日内书面答复股东并说明理由。公司拒绝提供查阅的，股东可以请求人民法院要求公司提供查阅。"

"第九十七条 股东有权查阅公司章程、股东名册、公司债券存根、股东大会会议记录、董事会会议决议、监事会会议决议、财务会计报告，对公司的经营提出建议或者质询。"

《最高人民法院关于适用〈中华人民共和国公司法〉若干问题的规定的司法解释（四）》[以下简称《公司法司法解释（四）》] 中对股东知情权的有关法律进行了进一步细化、补充：

"第七条 股东依据公司法第三十三条、第九十七条或者公司章程的规定，起诉请求查阅或者复制公司特定文件材料的，人民法院应当依法予以受理。

公司有证据证明前款规定的原告在起诉时不具有公司股东资格的，人民法院应当驳回起诉，但原告有初步证据证明在持股期间其合法权益受到损害，请求依法查阅或者复制其持股期间的公司特定文件材料的除外。"

"第八条 有限责任公司有证据证明股东存在下列情形之一的，人民法院应当认定股东有公司法第三十三条第二款规定的'不正当目的'：

（一）股东自营或者为他人经营与公司主营业务有实质性竞争关系业务的，但公司章程另有规定或者全体股东另有约定的除外；

（二）股东为了向他人通报有关信息查阅公司会计账簿，可能损害公司合法利益的；

（三）股东在向公司提出查阅请求之日前的三年内，曾通过查阅公司会计账簿，向他人通报有关信息损害公司合法利益的；

（四）股东有不正当目的的其他情形。"

"第九条　公司章程、股东之间的协议等实质性剥夺股东依据公司法第三十三条、第九十七条规定查阅或者复制公司文件材料的权利，公司以此为由拒绝股东查阅或者复制的，人民法院不予支持。"

"第十条　人民法院审理股东请求查阅或者复制公司特定文件材料的案件，对原告诉讼请求予以支持的，应当在判决中明确查阅或者复制公司特定文件材料的时间、地点和特定文件材料的名录。

股东依据人民法院生效判决查阅公司文件材料的，在该股东在场的情况下，可以由会计师、律师等依法或者依据执业行为规范负有保密义务的中介机构执业人员辅助进行。"

"第十一条　股东行使知情权后泄露公司商业秘密导致公司合法利益受到损害，公司请求该股东赔偿相关损失的，人民法院应当予以支持。

根据本规定第十条辅助股东查阅公司文件材料的会计师、律师等泄露公司商业秘密导致公司合法利益受到损害，公司请求其赔偿相关损失的，人民法院应当予以支持。"

"第十二条　公司董事、高级管理人员等未依法履行职责，导致公司未依法制作或者保存公司法第三十三条、第九十七条规定的公司文件材料，给股东造成损失，股东依法请求负有相应责任的公司董事、高级管理人员承担民事赔偿责任的，人民法院应当予以支持。"

在相关法律法规中，对因股东知情权而出现纠纷的案件，明确了其所属的管辖机构。

《民事诉讼法》第二十七条规定："因公司设立、确认股东资格、分配利润、解散等纠纷提起的诉讼，由公司住所地人民法院管辖。"

《最高人民法院关于适用〈中华人民共和国民事诉讼法〉的解释》

第二十二条规定："因股东名册记载、请求变更公司登记、股东知情权、公司决议、公司合并、公司分立、公司减资、公司增资等纠纷提起的诉讼，依照民事诉讼法第二十七条规定确定管辖。"

二、关于股东知情权的争议焦点

与股东知情权相关的纠纷，双方争议的焦点主要在于，股东是否享有知情权、知情者查询材料的范围以及企业在什么情况下可以拒绝股东行使知情权。

1. 股东是否享有知情权

（1）隐名股东能否行使股东知情权

尽管隐名股东是企业的实际出资人，但由于其与名义股东之间有关投资权益的约定属于双方内部约定，不能对外发生效力，实际出资人与企业并无直接法律关系，因此，实际出资人原则上只能通过名义股东间接行使股东权益。

当实际出资人要求直接行使股东知情权时，该请求实际上构成隐名股东显名化，其性质在一定程度上与名义股东对外转让股权具有相似性，都涉及其他股东对新的陌生股东的接受，因此法院通常参照《公司法》第七十一条关于股权转让的限制条件的规定，即须满足经其他股东过半数同意的条件。

此外，企业其他股东在此之前已知晓并认可实际出资人的股东资格的，法院通常会支持实际出资人的诉请。

（2）瑕疵出资股东能否行使股东知情权

瑕疵出资包括未出资、出资不实、抽逃出资等多种形态。通常情况下，瑕疵出资不影响股东身份的取得，而股东知情权仅以享有股东身份为主要条件，因此，瑕疵出资往往不影响股东行使知情权。

但股东因完全未履行出资义务或抽逃全部出资而被股东会决议除名的，由于股东身份已丧失，此时不能再行使股东知情权。

（3）退股股东能否行使股东知情权

一般情况下，由于股东已经退出，因此不再享有股东知情权。但如有初步证据表明企业存在隐瞒利润等侵害股东合法权益的情况，则退股股东亦有权对其持股期间的特定文件材料行使知情权。

（4）企业注销后，原股东能否行使股东知情权

企业被依法注销后，企业的法人资格即消亡，股东对企业享有的股东权利也随之消灭。企业其他股东或法定代表人、高级管理人员不能成为股东知情权的义务主体。

（5）企业被吊销营业执照后，股东能否行使知情权

在企业被吊销营业执照，尚未清算完毕办理注销手续期间，股东仍可行使知情权。

（6）企业监事能否行使知情权

股东知情权是股东的一项法定权利，监事会或监事履行相关职权属于企业内部治理的范畴。因此，监事会或监事以其知情权受到侵害为由提起的诉讼，人民法院不予受理。

2. 查阅范围

企业章程、股东名册、管理人员名册、股东会会议记录、财务会计报告、审计报告等，是企业应当制备的文件材料，属于股东有权直接查阅的范围，即使股东只持1%股权，亦不受影响。其他文件，则须结合实际情况进行判断。

（1）能否查阅会计凭证

对于会计凭证是否可以纳入股东知情权行使范围，相关法律法规并未明确。在具体的司法实践中，亦存在不同观点。

北京、广东、江苏等经济发达地区高院通过发布审判指导意见的方式倾向于支持股东查阅会计凭证。部分地区，如上海的高院则较为审慎，要求仅当会计凭证对于会计账簿的查阅具有必要性、合理性和印证性作用，或者会计账簿确实存在明显问题时才可查阅。少数地区个别法

院则采取"一刀切"的态度径行驳回。

（2）新股东能否查阅加入企业之前的账簿

股东通过受让或继承等方式取得股权的，能否查阅其加入前的企业信息？对此，早期司法实践曾存在正反两派观点，但近年来裁判思路在全国范围内逐渐统一，法院通常倾向于认为股东不因入股时间而影响可查阅文件的时间范围。

（3）能否查阅子公司或关联企业的财务资料

《中华人民共和国合伙企业法》第六十八条规定："有限合伙人不执行合伙事务，不得对外代表有限合伙企业。

有限合伙人的下列行为，不视为执行合伙事务：

（一）参与决定普通合伙人入伙、退伙；

（二）对企业的经营管理提出建议；

（三）参与选择承办有限合伙企业审计业务的会计师事务所；

（四）获取经审计的有限合伙企业财务会计报告；

（五）对涉及自身利益的情况，查阅有限合伙企业财务会计账簿等财务资料；

（六）在有限合伙企业中的利益受到侵害时，向有责任的合伙人主张权利或者提起诉讼；

（七）执行事务合伙人怠于行使权利时，督促其行使权利或者为了本企业的利益以自己的名义提起诉讼。

（八）依法为本企业提供担保。"

（4）能否查阅合同文书、纳税申报表等

法院通常不支持股东知情权延及《公司法》列举的查阅范围之外，但在实践中，已经有一些法院在个别案件中支持原告股东查阅企业发票、合同文书、纳税申报表、出口凭证、对外抵押担保情况等企业资料。除了法院根据实际情况审慎裁量外，企业章程亦可以主动扩展股东知情权的边界。

（5）股东是否有义务举证被查阅文件存在的事实

对于股东会会议记录、会计账簿、年度会计报告、企业章程等企业必须依法制备的文件资料，股东不负担举证其存在的义务。相关文件毁损灭失的，股东有权要求负有相应责任的企业董事、高管赔偿损失。

对于具体交易项下的相关资料，股东负担举证被查阅文件存在的义务，由法院结合当事人的陈述、举证及资料存在的客观合理性作出判断。

3. 阻却事由

查阅、复制企业章程、股东会会议记录、董事会决议、监事会决议和财务会计报告是股东的绝对权利，只要股东认为自己的权利受到侵犯就可以提起诉讼。换言之，股东就以上内容行使知情权，企业没有任何抗辩或阻却事由，必须提供相关资料供股东查阅、复制。

而对于股东要求查阅企业会计账簿，被告通常会提出抗辩意见以阻却原告的权利请求，常见的阻却事由是原告未履行前置程序、原告具有不当目的、企业章程限制。

（1）前置程序

根据《公司法》规定，股东提起查阅会计账簿的知情权之诉，应举证证明其在诉前已向企业提出书面请求并说明目的，企业明确拒绝其查阅或在收到书面请求之日起 15 日内未予答复，股东方能提起知情权之诉。

对于"书面请求"要件，法院通常会审查通知时间、通知对象以及通知形式，进行综合判断。对于"说明目的"要件，法院审查标准较为宽松，诸如了解企业实际经营情况、财务状况、监管企业事务等理由，通常会得到法院关于已履行说明义务的认同，但司法实践早期也出现过法院从严把握目的的具体性标准的判例。

（2）不当目的

在被告辩称原告行权存在不正当目的的案例中，最常用的理由是原告股东投资或经营与被告企业主营业务有实质性竞争关系业务的企业。实践中，法院侧重于从具体性、现实性两方面考量实质性。

具体性，意味着不能仅以登记经营范围作为判定实质性竞业关系成立的依据，而应更加具体，细化到产品、经营区域、生产规模等；现实性，意味着认定主营业务应结合实际情况，需证明有损害企业合法利益的可能性。

（3）章程限制

有些企业以章程进行了限缩性规定为由，试图阻却原告股东知情权的行使，比较典型的有"特定股东放弃知情权条款""会计账簿查阅权放弃条款""一切查阅请求须经企业同意条款"等。股东知情权是股东基本、固有、法定的权利，章程约定已构成对股东知情权的实质性剥夺，法院通常认定此类约定无效。

第二节　公司决议不容忽视

公司作为法律上拟制的人，其意思表示均需要由公司的内部权力机关作出。公司决议一般指公司的股东会决议、董事会决议、股东大会决议。

从现行法律的规定来说，公司决议具有法律效力，《公司法》中对于公司决议的形成有明确法律规定。因此，公司的创始人不要因为手上握有公司的绝对控制权而忽略了公司决议的程序。

一、公司决议法律依据

《公司法》第二十二条对公司决议作出了规定："公司股东会或者股东大会、董事会的决议内容违反法律、行政法规的无效。

股东会或者股东大会、董事会的会议召集程序、表决方式违反法律、行政法规或者公司章程，或者决议内容违反公司章程的，股东可以自决议作出之日起六十日内，请求人民法院撤销。

股东依照前款规定提起诉讼的，人民法院可以应公司的请求，要求股东提供相应担保。

公司根据股东会或者股东大会、董事会决议已办理变更登记的，人民法院宣告该决议无效或者撤销该决议后，公司应当向公司登记机关申请撤销变更登记。"

《公司法司法解释（四）》第五条对公司决议作出如下解释：

"股东会或者股东大会、董事会决议存在下列情形之一，当事人主张决议不成立的，人民法院应当予以支持：

（一）公司未召开会议的，但依据公司法第三十七条第二款或者公司章程规定可以不召开股东会或者股东大会而直接作出决定，并由全体股东在决定文件上签名、盖章的除外；

（二）会议未对决议事项进行表决的；

（三）出席会议的人数或者股东所持表决权不符合公司法或者公司章程规定的；

（四）会议的表决结果未达到公司法或者公司章程规定的通过比例的；

（五）导致决议不成立的其他情形。"

二、公司决议无效的情形及后果

公司决议无效，指的是公司股东会或者股东大会、董事会的决议内容违反法律、行政法规。

例如，陈某虎与上海××科技投资股份有限公司（以下简称"××投资公司"）、上海新××投资管理有限公司（以下简称"新××公司"）的公司决议效力确认纠纷上诉案中，便展现出公司决议无效的具体情形与后果。

在此案中，法院认为：《公司法》第二十二条第一款规定董事会的决议内容违反法律、行政法规的无效，是指决议内容违反法律、行政法规的强制性规定。陈某虎请求确认住宅投资公司于 2014 年 3 月 4 日形成的董事会决议（二）无效，依据为该决议违反了《公司法》第十四条、第二十二条第一款、第四十六条的规定。

根据新××公司的章程约定，股东会是企业的权力机构，职权包括选举和更换董事。××投资公司作为新××公司的非自然人股东，在参加新××公司股东会之前，内部召开董事会对新××公司股东会的议程先行作出决议，是为充分体现企业内部民主议事机制，且并未违反法律、行政法规的强制性规定，不符合决议无效的情形。

在众多的案例中，法院只审查所作出的决议是否违反法律、行政法规强制性的规定，所作出的决议所依据的事实是否属实、理由是否成立，不属于司法审查的范围。

企业所作出的决议只在企业内部产生效力，因此，企业决议无效产生的法律后果只能在作出决议的主体之间产生，不涉及外部效力。《公司法司法解释（四）》第六条规定："股东会或者股东大会、董事会决议被人民法院判决确认无效或者撤销的，公司依据该决议与善意相对人形成的民事法律关系不受影响。"

三、什么情形下公司决议可以撤销

决议可撤销，指的是决议违反程序性规定或者章程的实质性规定，依法可以撤销。需要注意的是，股东需要在决议作出之日起六十日内，行使决议撤销权。超过该期限，股东的决议撤销权无效。

依据《公司法》第二十二条第二款的规定，公司决议可撤销的情形有以下两种：

（1）股东会或者股东大会、董事会的会议召集程序、表决方式违反法律、行政法规或者企业章程；

（2）决议内容违反企业章程。

公司决议是企业意志的体现，股东，尤其是小股东和不参与企业实际经营的投资者股东，需要明确公司决议的议事规则。

企业股东会和董事会进行议事表决时，通过表决事项需要的票数或者投票权，根据《公司法》、股东协议或企业章程来确定。现实中，不乏控股股东或者实际经营企业的股东通过其在股东会和董事会的多数投票权，通过股东会决议、董事会决议侵犯其他股东税务权益，甚至侵犯企业的合法权益。

公司决议对企业和股东都产生约束力，但不是所有的公司决议都是有效、合法的，股东需要对公司决议是否有效、合法作出准确的判断。

当股东认为公司决议侵犯其合法权益或者企业的利益时，可向人民法院提起诉讼，根据实际情况要求确认股东会决议无效、可撤销或者不成立。这是股东权利中诉权的具体体现，是股东维护自身合法权益的有效途径。

第十二章

期权交易

期权交易，即买卖双方对期权这一权利的交易。期权交易中，可能潜藏着危机与风险，交易双方都需要充分了解规则，谨慎行使权利，认真履行义务。本章将从期权关键概念分析、期权究竟值不值钱、关于期权的核心问题三方面展开，帮助读者厘清期权交易的相关内容。

第一节　期权关键概念分析

期权是一种权利，其标的物为商品期货、股票指数、货币、债券、股票等，期权是这些标的物的衍生金融工具。当期权买方行使权利时，期权卖方必须按照事先约定的合约内容履行自身义务。期权的关键概念主要有：期权激励、期权计划、套现。

一、期权激励

期权激励，指企业拿出部分股票，在满足某种特定条件时，用来激励企业高级管理人员或优秀员工的一种方法。这种激励通常都是有附带条件的，如员工需要在企业工作满一定年限、完成特定的工作目标等。当被激励的人员满足条件时，即可成为企业的股东，享有股东权利。通俗地说，就是在满足一定的条件后，员工可以按照约定的价格和条件购买企业的股票。

根据上述概念，我们可以得出如下结论：

（1）期权是需要满足特定条件的；

（2）期权是需要支付对价进行购买的，即行权价格。

如果期权要求的条件都能够满足，员工成功行权就能够持有企业的股票，成为企业的股东。

一般情况下，互联网企业的期权成熟期以 4 年较为常见，从期权授权日期开始每年成熟 25％。例如，企业于 2020 年 1 月 1 日授予员工 A 股票期权 1 000 股，员工 A 在 2021 年 1 月 1 日可以行权 250 股，后续 3 年以此类推。如果员工 A 在 2021 年 1 月 1 日之前离职，其可行权的股票为 0 股。

二、期权计划

期权计划，指的是董事会根据股东会的决议，颁布的股权激励相关计划。实际上，期权计划相当于股东将一部分股权转让给员工，或者企业增发股票让员工认购。无论是采取股权转让的方式还是采取增发股票的方式，均需要经过股东的同意。

董事会根据股东会的决议指定的期权计划，可以理解为董事会的一项决议。期权计划一般涉及如下内容，如图 12-1 所示。

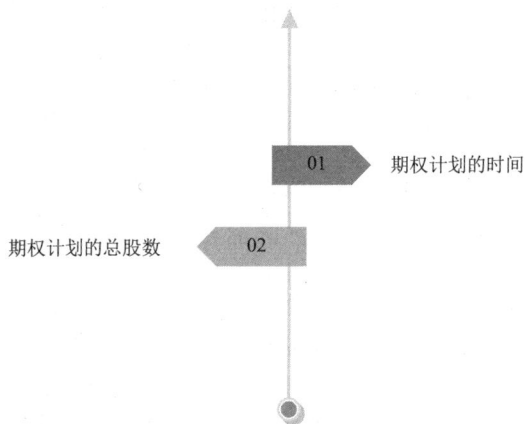

01　期权计划的时间

期权计划的总股数　02

图 12-1　期权计划的内容

1. 期权计划的时间

期权计划是有时间限制的，往往一个期权计划的有效期是 10 年。在这 10 年之内，董事会有权在总股数的限制下，对符合条件的员工授予期权。如果 10 年之内期权全部授予员工，期权计划自动终止。如果满 10 年期权没有授予完毕，期权计划将如期终止。

2. 期权计划的总股数

期权计划会规定授权的总股数。期权的总股数，也被称为期权池。期权计划的股票源于期权池，一家企业可能有多个期权计划。

企业在授予员工期权时，需要明确以下问题，如图 12-2 所示。

合格员工的条件

行权价格

行权期限

行权方式

期权的收回

图 12-2　企业授予员工期权时需要明确的问题

1. 合格员工的条件

并不是所有的员工都符合期权计划的条件，一般面向企业全体员工的期权计划只规定一个低门槛的授权条件，如早于某个日期入职、入职满一定的期限等。

2. 行权价格

行权价格是一个非常容易被忽略的概念，需要注意的是：期权并不是免费的。

很多期权计划关于行权价格是这样规定的：每位符合资格员工所获得的每一期权的行权价格均应由董事会决定，但前提是，该价格不得低于授予日的公平市场股票价格，除非由董事会基于企业的最大利益考虑而作出决定。但即使如此，行权价格也不能低于股票面值。

也就是说，行权价格由董事会决定，并且往往参照企业当时的股票价格决定。其逻辑在于：员工获得的是未来企业市值增长带来的回报，从而激励员工努力工作。

例如，员工在获得期权时，按照企业市值折算 1 股对应的价值是 2 元，那么员工需要向企业支付 2 元用以购买股票，如果未来企业市值增长 1 股对应的价值高于 2 元，员工可以从中获益。

3. 行权期限

这是一个流程性的规定，要求员工必须履行特定的程序，按照董事会要求的时间和文件格式向企业提交行权文件。如果在规定的期限内，员工没有行权或者没有恰当行权，就会失去期权。在现实中，有一些企业较为人性化，会将行权期限规定为员工离职之前。也就是说，员工在离职前才决定行权是符合规定的。

如果员工对企业非常认可，他很可能会选择继续留在企业获得更多的期权；如果对企业不认可，他在最初可能就不会购买企业的股票。毕竟，员工在未来需要通过出售股票的方式获利，如果他离开企业，继续持有企业股票可能会带来一系列的问题。

现实中较为可行的方式是：在员工离开企业时，企业回购其期权。但回购价格又难以确定，因为在企业未上市之前，员工无法估量其期权的真实价值。

4. 行权方式

期权的行权方式主要有以下两种：

（1）现金行权法。即企业和员工以现金的方式交换标的，这是目前上市企业员工行权的常用方法，便于企业员工获得收益和企业收回期权。

（2）自动行权。自动行权是指在期权合同到期时，期权将自动被行权。它和主动行权有着本质的区别，主动行权是指员工在合同规定的期限内可自主决定是否行权，员工占据一定的主动性，可决定兑现或不兑现期权。

5. 期权的收回

在员工有以下情形时，企业有权收回已经授予的期权，即使该期权已经成熟或者员工已经行权：

（1）员工严重违反企业规章制度；

（2）员工侵犯企业合法权益；

（3）员工违反法律法规的规定，被依法追究法律责任；

（4）员工与企业之间存在竞业关系。

每家企业的期权计划都不一样，且实际执行中的严格程度也不一样。企业应根据自己的发展规划，在合适的时机授予员工期权，最大化地发挥期权的激励作用。

三、套现

员工的期权究竟能否为员工带来预期的价值，与期权套现的条件和方式有关。比较常见的套现方式有如下四种，如图 12-3 所示。

1. 转让期权

期权是否可以转让，需要看期权计划的具体规定。一般情况下，期权计划中会明确规定期权不可转让。但也有一些企业允许期权转让，如腾讯、阿里巴巴等。但允许转让的期权，通常会附带一些条件，如受让方必须是已经持有企业期权的员工，也就是说允许期权在企业内部流转。

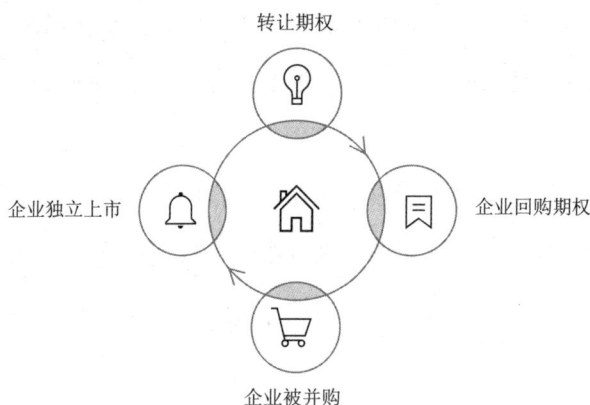

图 12-3　四种常见的套现方式

2. 企业回购期权

一家企业从成立到上市需要历经多年，为了激励员工、给员工一些信心，同时让有价值的员工能够阶段性地得到一些现金回报，企业会出台期权回购计划。如果员工计划离开企业或者急需用钱，出售期权确实是一个好的选择。

3. 企业被并购

当企业被并购时，收购方需要向员工支付购买期权对应的股票的价格。此时，员工没有选择权，只能按照企业谈好的价格出售。能够独立上市的企业不多，通过被其他企业并购而实现期权套现，是一种比较常见的员工期权套现方式。

4. 企业独立上市

在企业独立 IPO 时，员工将期权出售，往往是最好的套现方式。此时员工期权将转换为企业股票。员工可以选择在企业上市后出售期权，或者继续持有企业股票等待价格上涨。独立 IPO 确实是一件好事，但能够独立 IPO 的企业很少，往往在其所在领域中数一数二的企业才能实现 IPO 上市。

虽然对于创始人而言，上市往往只是一个阶段性的胜利，但对于普通员工而言，能够伴随企业成长到独立上市，代表着多年的耕耘得到回报，也在一定程度上体现了自我价值。

第二节 期权究竟值不值钱

作为一项权利而存在的期权，是否具有价值，是由多方面因素决定的。在衡量期权的真正价值时，企业及员工应综合考量。期权的价值高低还与其是否合股有关系，合股后，期权的价值可能提升，也可能降低。

一、如何衡量期权的真正价值

要判断一个员工手中的期权的价值，需要考虑如下因素，如图 12-4 所示。

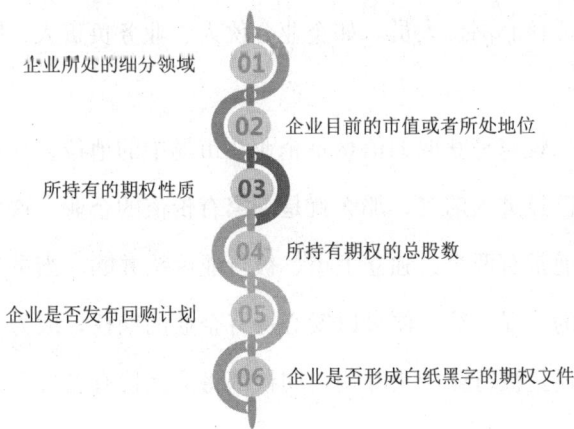

图 12-4 判断期权是否有价值的六个条件

1. 企业所处的细分领域

企业所处的细分领域，从宏观上影响了企业未来的发展空间。例如，企业从事的是蓝海业务，大概率上会比红海业务的未来发展要好。

如果企业处于一个新兴、且与国计民生有强相关性的行业，那么企业未来的成长空间就比较大，发展前景也较为明朗。

例如，1990 年的房地产行业、2000 年的互联网行业、2010 年的移动互联网行业等，都是十年一遇的风口。

没有人能预知未来，但一些人能通过敏锐的眼光、强烈的直觉、科学的分析、合理的判断，分析出未来经济发展的大趋势，从而在一个细分领域深耕，带领企业实现新发展、新突破。

2. 企业目前的市值或者所处地位

企业目前市值是一个非常直观的信息，一家市值或者估值为 100 亿元的企业的股票，比一家市值为 10 亿元的企业的股票更有价值。这是从市场表现上对期权进行可量化的评估。但这种评估必须依据企业市值或者估值的数据，但并不是所有企业都愿意公开其估值数据。

企业内部也只有非常少的一部分人可以看到企业融资文件，这些文件必定会有企业估值的信息。能够接触到这些文件的人往往是企业的高级管理人员或核心岗位人员，如企业合伙人、业务负责人、财务和法务负责人等。

另一个比较容易获取的信息是企业在市场中的地位。如果一家企业在细分领域已经进入前三，那么就是一家有价值的企业。这家企业未来的发展方向通常有两个：独立上市、被行业巨头并购。当员工所供职的企业是这样的情况，员工便可以安心持有企业的期权，因为无论是企业独立上市，还是被行业巨头并购，期权都将会为持有者带来巨大收益。

3. 所持有的期权性质

从企业价值上进行判断，如果企业在朝阳行业中处于领先地位，那么员工所持有的企业期权的价值非常大。但要具体判断所持期权的价值，则需要根据期权的性质来判断。如果所持有期权的票面值比较大，则可以判断这是比较原始的股票。

所持期权对应的票面值越大，意味着每股对应企业总股权的百分比越高。相反，所持期权对应的票面值越低，意味着每股对应企业总股权的百分比越低。

4. 所持有期权的总股数

在期权股票对应的票面值相同的情况下，所持有的期权股数越多，期权对应企业总股权的百分比越高。

同时，结合整个行业的发展，以及参照最近上市的企业的情况，员工可以预估未来企业上市或者被收购时，手中期权的价值范围。

5. 企业是否发布回购计划

回购计划是企业发展良好的一个非常鲜明的信号。企业有回购计划，意味着员工期权有价值。企业发布回购计划是创始人对企业能够良好发展有坚定信心的表现，这种坚定的信心是基于其信息优势展现出来的，并不是盲目自信。

企业创始人对企业业务情况、市场表现、财务状况有深刻的了解，尤其熟知企业在资本市场的表现情况。企业创始人发布回购计划，意味着有人将以更高的价格购买企业股票，有可能是下一轮的投资者，也有可能是企业上市后公开市场的投资者。

因此，如果企业发布回购计划，那么员工手中的期权就是交换权益的凭证，可以给员工带来一定的回报。但是，员工应谨慎评估是否将手中的期权出售给企业，因为企业在推出期权回购计划后的一两年内大概率会独立上市或者被行业巨头并购。

6. 企业是否形成白纸黑字的期权文件

一家企业是否能够提供白纸黑字的期权文件也可以作为评估期权价值的依据，其合理性在于以下几个方面：

（1）企业已经有了初步的上市计划。一家企业形成了期权文件，意味着已经对上市有了一定的准备。如果上市地点尚未确定，企业一般不会启动正式的期权计划、准备正式的期权文件。同时，也意味着企业上市主体已经确定，按照惯例，期权是由上市的主体企业发放给员工的。

（2）期权文件意味着企业已经有了配套的机构。企业上市是一件非常专业的事情，期权文件往往需要符合企业上市所在地的法律法规，这样的一套专业文件往往需要经过内部专业机构（财务和法务部门）和外部专业机构（会计师事务所和律师事务所）评估。

（3）纸质文件是一种承诺。白纸黑字的文件实际上是一种承诺，是企业创始人对企业业务发展的信心和肯定。

没有正式文件的期权计划，虽然并非完全没有价值，但最终成为"空头支票"的可能性非常大。如果一家企业已经具备一定的规模，且承诺推出期权计划，但并未向员工提供白纸黑字的期权文件，那么员工就需要审慎评估。

综上所述，要评估一家企业期权的价值，有很多因素可以作为参考依据。但市场上的企业很多，期权有实际价值的企业却不多。员工最终需要通过出售期权套现，而出售的方式多数情况下只有两个：企业独立上市、被并购，这就是为什么有些企业的期权实际上就是一张白纸。

但员工为期权可能套现而作出各种努力，认真工作而积累的能力和经验，不会是一张"空头支票"，而是通向另一个美好旅程的"船票"。

二、判断期权是否合股

在企业上市前，员工才能够获取到期权是否合股的信息。而期权是否合股是判断期权价值的一个重要依据。

许多赴美上市的企业大都采取 VIE 架构，根据有关规定，在美国资本市场上市需采取 ADS（美国存托股票）的方式。企业上市时提交的招股说明书需要有 ADS 和普通股的换算比例信息，行业内称为合股情况。

企业在授予员工期权时，往往会告诉员工 1 股的价值大概是多少。

可是这里的 1 股并不是员工得到的 1 股 A 类普通股，而是上市时的 1ADS。

员工手中的期权究竟有多大价值，除了与一些客观因素有关外，还取决于企业期权是否合股。

第三节 期权的核心问题

本节将从期权这一概念出发，详述相关的核心问题，例如，期权是不是白送的、期权能否作为竞业限制补偿、期权的追回失效、员工退出企业时期权如何处理等。

一、期权是不是白送的

很多人认为，期权就是白送的，这种理解是片面的，期权是不是白送的需要结合具体情况来看。现实中的期权有白送的，也有要支付一定对价的。白送的期权多以已经上市的互联网企业的限制性股票为主，员工实际上只需要承担相关的税款。

可这并不代表所有企业的期权都是白送的，期权文件中都会有一个行权价格，这个行权价格就是员工购买期权时需要支付的对价。

员工行权有以下特点：

1. 每个人的行权价格可能不一致

一些法律规定，企业发行股票的价格不得低于股票的票面值。例如，企业发行的票面价值为 0.001 元的股票，企业可以根据不同员工对企业的重要性、贡献情况等综合考虑每个或者每一类员工行使期权时的价格，有些人只需要支付 0.001 元就能够购买 1 股，而有些人则需要支付 1 元甚至更高的对价才能够购买 1 股。

行权价格与企业的整体估值有关，但是员工购买期权的价格远远低于投资者购买股票的价格。如果企业能够上市，无论员工行权价格高低，都可以通过期权获得可观的收益。

2. 行权是企业收回期权的一种方式

企业的期权是需要花钱购买的，员工离职时行权，有助于企业收回期权。影响一家企业是否能够上市的不确定因素很多，真正能够上市的企业凤毛麟角。在企业前景未明的情况下购买企业的期权，是一件不理智的事情。

一些员工非常看好企业前景，选择在企业未上市时购买期权，但在行权时可能会遇到一些阻碍。

员工可以通过比较目前的股票价格和其行权价格确定是否行权。例如，员工行权价格是 10 元，而企业目前的股票价格是 15 元，那么员工就可以行权，出售自己持有的期权。如果行权价格 10 元，而企业目前的股票价格是 8 元，那么对于是否行权，员工就需要仔细考虑。因为股票的价格会产生波动，或许两三个月之后企业股票的价格就会涨到 10 元以上。

未行权的期权和限制性股票最终会回归企业，这对于未上市的企业而言是一种非常好的回收股权的方式。

二、期权能否作为竞业限制补偿

2010 年起，互联网企业之间频繁出现"挖墙脚"事件。为了应对巨头的人才抢夺战，期权是否能够作为竞业限制补偿这一问题，逐渐成为各企业高层管理人员考虑的重要问题。

当时，针对这一问题，并没有达成一致的结论。然而，许多企业已经将此设想付诸实践，下面是一个相关案例。

A 企业是采取 VIE 架构在纳斯达克上市的企业，也是互联网行业的巨头，其实体运营企业是国内的 B 企业。B 企业和员工签署了竞业限制相关的协议，并将员工在职期间获得的 A 企业的期权作为竞业限制补偿。某员工离职后，在竞业限制期内入职 B 企业的竞争对手 C 企业。最终，B 企业起诉该员工违反竞业限制规定。

该案件非常复杂，主要表现在以下几个方面：

1. 法律关系复杂

此案件中涉及三种法律关系：A 企业和员工之间基于期权计划产生的民事法律关系；B 企业和员工之间的劳动法律关系；B 企业和员工基于劳动法律关系的竞业限制法律关系。在三种法律关系交织的情况下，要判断竞业限制法律文件的效力和各方的权利义务，就需要进行一番梳理。

以下是竞业限制的有关信息，以便更加清晰地梳理上述案例。

（1）劳动纠纷有极强的地域性。虽然审理劳动纠纷依据的法律是一致的，但针对不同的实际情况，各地可能会有差异性指导意见。因为各地经济发展情况各不相同，劳动用工及劳动者有极强的地域属性。因此，在处理劳动纠纷的一些细节问题上，也会具有极强的地域性。

（2）各地的竞业限制补偿标准不同。根据相关规定，劳动者能够得到的竞业限制补偿，为月平均工资的 30%，如果月平均工资低于当地最低工资，则按照最低工资标准支付。但实际司法实践中，各地的标准可能不一致。

（3）竞业限制补偿往往在员工离职之后支付才有效。为了降低用工成本，个别企业存在"钻法律的空子"来剥削员工利益的恶劣行为。

例如，某企业为了规避签订无固定期限劳动合同，让所有员工离职，再重新入职。而其对于竞业限制采取的措施是：将工资进行拆分，将其中的一部分作为竞业限制补偿金。

为了打击一些企业利用强势地位侵犯劳动者合法权益的行为，有关部门通过司法实践和司法解释的方式制定了相应的规定：竞业限制补偿金，必须在员工离职之后支付才有效。

2. 涉案相关企业的背景复杂

在本案中，A 企业、C 企业都是行业内的巨头，这就使得这场官司的复杂性进一步增加。从表面上看，这是离职员工和 B 企业的竞业限制纠纷，实际上是 A 企业和 C 企业两大巨头在暗中激烈竞争，这为其他企业提供了处理此类问题的经验与教训。

3. 本案的影响复杂

在本案中，涉案员工新入职的 C 企业原来与 A 企业处于完全不同的细分领域，但在该员工入职后，C 企业开始进军 A 企业的主营业务领域，并且通过高薪的方式不断吸引该业务领域的成熟员工加入，快速建立起一条成熟的产品线，实现高速扩张。A 企业如果对此完全置之不理，就可能导致部分员工流失，从而逐渐失去在行业中的竞争优势和领先地位。

此案件的最终结果是：法院判决该员工不需要履行竞业限制义务。因为 B 企业没有按照法律的规定支付竞业限制补偿。

三、期权的追回时效

关于期权的追回时效问题，下面通过付某与某企业之间的期权纠纷案例进行详细分析。

付某是某企业一个业务群的员工，其工作职责为向商家推销该业务群的服务、组织商家参加各种活动等。在职期间，付某先后累计获得近 8 万股的期权。

2009 年 12 月 24 日，该企业颁布《集团商业行为准则》，该准则主要目的为反商业贿赂，关键内容为不得利用职务便利贪污受贿、接受礼品等，强调员工忠诚和廉洁。

2010 年初，付某邀请杭州某企业管理服务有限公司（以下简称"买吧公司"）合作一个项目。此后，付某向其法定代表人温某无息借款

60 万元，并利用职务便利变相补贴该公司作为代理商本应自行承担的费用 184 万余元（50％已预付，剩余 50％被冻结）。

2011 年 4 月 6 日，付某向所在企业发送邮件，承认任职期间向客户借款，请求给予处罚。2011 年 5 月 24 日，该企业相关部门与付某进行谈话，付某承认向温某无息借款以及该企业为该公司负担费用的事实。同日，该企业向付某发出《有关解聘的通知》。

此后，付某因期权纠纷起诉供职企业，法院的最终判决如下：企业撤销和按付某原始行权价回购其 3 份期权授予通知书项下未行权期权和已行权股票，系行使合同权利。付某关于其不必遵守《集团商业行为准则》以及该商业行为准则不应适用其此前行为的上诉理由，不能成立。

根据上述法律判决可知，期权是可以追回的。并且是在员工离职之后，仍可追回。本案中付某于 2011 年 5 月 24 日与集团解除劳动关系，2012 年 11 月 21 日集团以付某违反企业商业行为准则为理由，将其全部股票以行权价格回购。此时，距离付某离职将近一年半。

在讨论期权追回时效时，需要分两种情况：第一，有约定遵从约定；第二，无约定则按照法律规定执行。

如果在期权计划及相关文件中，已经约定了期权回购的时间（包括员工违约时的期权回购时间），则应当按照相关约定执行。如果双方没有约定具体的回购时间，则按照法律法规的诉讼时效处理。

本案还涉及一个遗留的法律问题，即付某已经行权的股票以及已经在公开市场出售的股票应当如何处理，企业是否有权要求付某返还已经行权的股票及通过公开市场出售股票获得的利益。

在本案中，法院已经认定企业有回购期权的权利，那么从理论上来讲，付某应当返还相关获利。在实践过程中，若付某不返还期权的股票及获利，企业需要通过诉讼的方式追回。

如果企业提出了反诉，那么有权依据判决直接申请执行，要求付某退回股权或出售股权的获利。如果企业没有提出反诉，则需要另外提起诉讼。

综上所述，已经行权及出售的期权，都有可能被企业追回，但企业需要遵守相关的法律规定。

四、退出企业时，期权怎么处理

许多员工由于拥有更好的发展平台，或企业长久未上市而中途离开企业。员工离职时，其所持有的期权如何处理，是一个非常关键且现实的问题。

按照常规的期权计划，对于已经成熟的期权，员工需要在离职后3个月内明确告知企业是否行权。如果员工没有明确告知企业需要行权，则视为员工自动放弃行权的权利。

然而，在现实中，一些企业没有专业的部门或人员处理离职员工行权的相关事宜。当遇到这种情况时，员工需要咨询专业律师，固定要求行权的相关证据。若企业在未来上市或被收购，员工就可以凭借此证据要求企业支付期权对应的收益或者要求获得企业的股票。

企业中的普通员工，可能并不明晰期权的法律性质以及期权背后有哪些陷阱。从法律实践来看，期权属于薪酬的一部分，期权相关的纠纷属于劳动纠纷的范畴。对于普通员工来说，期权相关内容较为复杂，一不小心就会陷入其中。

如果员工违反期权计划、其他文件中的禁止性条款，违法企业的原则性规定或与企业签署的协议，期权在任何时候都可能被企业收回。因此，对于期权，普通员工应持有比较理智的态度，将其视为一种意外之喜，而非将其作为在企业工作的主要回报。